Gärtnern
in 30 Minuten

Projekte für jeden Garten

Dorling Kindersley

DORLING KINDERSLEY

London, New York, Melbourne,
München und Delhi

Cheflektorat Mary Ling, Penny Warren
Lektorat Senior Editor
Projektbetreuung Lee Wilson
Bildredaktion Alison Donovan, Alison Gardner
Art Director Peter Luff
Bildrecherche Rose Horridge, Susie Peachey,
Romaine Werblow
Fotos Peter Anderson, Brian North
Herstellung Sarah Isle, Clare McLean, Claire Pearson

Für die deutsche Ausgabe:
Programmleitung Monika Schlitzer
Projektbetreuung Manuela Stern
Herstellungsleitung Dorothee Whittaker
Herstellung Kim Weghorn
Umschlaggestaltung Verena Marquart

Bibliografische Information der Deutschen Bibliothek
Die Deutsche Bibliothek verzeichnet diese Publikation
in der Deutschen Nationalbibliografie;
detaillierte bibliografische Daten sind im Internet
über http://dnb.ddb.de abrufbar.

Titel der englischen Originalausgabe:
30-minute gardening

Übersetzung Brigitte Rüßmann, Wolfgang Beuchelt
(Scriptorium – Köln)
Lektorat Sabine Drobik

ISBN 978-3-8310-2339-4
Printed and bound in China

Besuchen Sie uns im Internet
www.dorlingkindersley.de

Hinweis
Die Informationen und Ratschläge in diesem Buch sind
von den Autoren und vom Verlag sorgfältig erwogen und geprüft,
dennoch kann eine Garantie nicht übernommen werden.
Eine Haftung der Autoren bzw. des Verlags und seiner Beauftragten
für Personen-, Sach- und Vermögensschäden ist ausgeschlossen.

Gärtnern
in 30 Minuten

Jenny Hendy

Inhalt

Einleitung

Pflegeleichte Terrassen

Bunte Beete

Echte Hingucker

Aus dem Garten auf den Tisch

Gefällige Grenzen

Tierwelt im Garten

Einfache Gartenpflege

Einleitung

Unser immer hektischer werdender Alltag hat oft zur Folge, dass die Gartenarbeit zu kurz kommt. Dabei sind Bewegung an frischer Luft, Anbau von eigenem Obst und Gemüse und kreative Betätigung ein wunderbares Mittel gegen Stress.

Hektischer Alltag

Wer möchte nicht gern seine Freizeit genießen können, statt sich wie der Sklave des eigenen Gartens zu fühlen. Dieses Buch möchte Ihnen nicht nur dabei helfen, Ihren Garten zu verschönen, sondern Ihnen auch mehr Zeit und Freiraum verschaffen.

Kreative Ideen

Das Buch präsentiert seine Projekte und Arbeitsanweisungen in kleinen, auch für den ungeübten Gärtner verständlichen Schritten. Sie sind so aufgebaut, dass Sie in wenig Zeit viel Gartenarbeit schaffen können.

Das Uhr-Symbol zeigt an, dass ein Projekt in 30 Minuten oder weniger erledigt werden kann, sobald die grundsätzlichen Vorarbeiten, wie die Vorbereitung des Bodens und das Wässern der Pflanzen, erledigt sind. Wer mehrfach die Woche 30 Minuten investieren kann, wird bald erstaunliche Erfolge sehen.

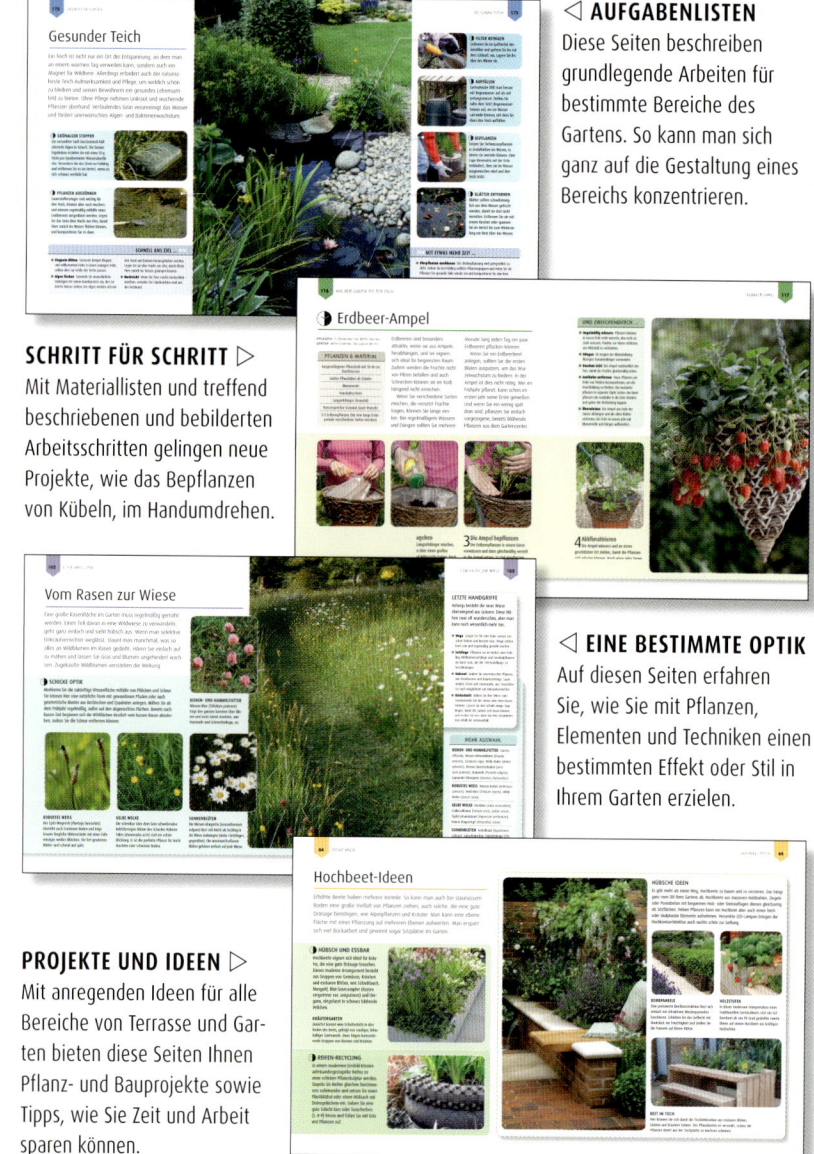

◁ **AUFGABENLISTEN**
Diese Seiten beschreiben grundlegende Arbeiten für bestimmte Bereiche des Gartens. So kann man sich ganz auf die Gestaltung eines Bereichs konzentrieren.

SCHRITT FÜR SCHRITT ▷
Mit Materiallisten und treffend beschriebenen und bebilderten Arbeitsschritten gelingen neue Projekte, wie das Bepflanzen von Kübeln, im Handumdrehen.

◁ **EINE BESTIMMTE OPTIK**
Auf diesen Seiten erfahren Sie, wie Sie mit Pflanzen, Elementen und Techniken einen bestimmten Effekt oder Stil in Ihrem Garten erzielen.

PROJEKTE UND IDEEN ▷
Mit anregenden Ideen für alle Bereiche von Terrasse und Garten bieten diese Seiten Ihnen Pflanz- und Bauprojekte sowie Tipps, wie Sie Zeit und Arbeit sparen können.

GARTENGERÄTE

Wer eine Grundausstattung an Gartenhelfern hat und sie an einem bestimmten Ort aufbewahrt, spart Zeit, denn er muss nicht ständig Geräte suchen, beim Nachbarn ausleihen oder mit eigentlich ungeeigneten Behelfslösungen arbeiten. Gönnen Sie sich eine Pflanzkelle und eine Grabgabel aus rostfreiem Stahl und eine Gartenschere, die gut in der Hand liegt. Mit einem Grundstock an Zubehör müssen Sie nicht bei jedem kleinen Projekt zum Gartencenter fahren. Am besten lagern Sie alles gemeinsam in einem Schuppen oder Schrank.

PRAKTISCHES ZUBEHÖR

❉ **Wasserspeicher-Granulat (Hydrogel)** Das Granulat quillt in Wasser zu Gel auf. Einfach unter die Erde gemischt, hält es den Boden länger feucht.

❉ **Düngergranulat** Die Erde muss vor dem Bepflanzen von neuen Beeten oder Kübeln meist mit Dünger angereichert werden. Langzeitdünger löst sich langsam auf und wirkt daher länger.

❉ **Flüssigdünger** Sie werden mit dem Gießwasser ausgebracht. Konzentrate werden verdünnt.

❉ **Glyphosat-Unkrautvernichter** Die Fertigmischung kann punktuell eingesetzt werden, doch sollte man lieber auf Unkrautvernichter verzichten.

❉ **Gartenschnur** Kletterpflanzen und Stauden werden mit Schnur an Stäbe gebunden und gestützt.

❉ **Erde** Halten Sie immer Pflanzerde und für Kübelpflanzen einen Beutel Blumenerde bereit.

❉ **Tonscherben und Kies** Sie sorgen in Kübeln und Töpfen für gute Dränage (S. 9). Scherben kaputter Töpfe, Steine oder auch in Stücke gebrochenes Styropor sind gut dafür geeignet.

❉ **Rindenmulch** Er hält den Boden feucht und Unkraut in Schach. Dünne Stellen sollten regelmäßig wieder aufgefüllt werden.

❉ **Öl und Lumpen** Schmieröl mit korrosionshemmender Wirkung und alte Lumpen dienen zur Pflege und zum Schutz der Schnittwerkzeuge.

1. Spaten zum Graben und Verteilen von Dünger und Mulch; **2. Grabgabel** zum Jäten, Belüften des Rasens und Auflockern kompakter Erde; **3. Besen** zum Fegen harter Oberflächen und zum Verteilen von Wurmkompost; **4. Rechen** zum Vorbereiten und Ebnen des Bodens z. B. vor dem Säen; **5. Laubbesen** zum Einritzen des Rasens und Zusammenrechen von Laub; **6. Rasenkantenstecher** zum Abstechen der Rasenkante; **7. Heckenschere** für den Formschnitt und zum Schneiden von Hecken, Stauden und Kräutern; **8. Gartenschere** für Rückschnitt und Ausputzen; **9. Astsäge** eine kleine Klappsäge für Zweige und dünne Äste, eine große Ast- oder Bogensäge für stärkere Äste; **10. altes Messer** zum Ausstechen von Unkraut mit Pfahlwurzel aus Rasen oder Fugen; **11. Haushaltsschere** zum Abschneiden von Schnur, Ausputzen von Blüten und Ernten von Gemüse und frischer Blumen; **12. Kunststoffkorb** zum Wässern der Pflanzen vor dem Einsetzen, zum Transport von Kompost und zum Sammeln von Unkraut und Verwelktem; **13. Gießkanne** zum Anwässern von Pflanzen und Ausbringen von Flüssigdünger; **14. Rasenmäher** in einer für den Garten angemessenen Größe; **15. Rasentrimmer** zum Mähen der Kanten von Rasen und Wiese.

Jetzt geht's los

Damit nicht jedes Projekt mit den selben Anweisungen beginnt, finden Sie hier alle wichtigen Grundlagen zur Vorbereitung von Beeten und Kübeln, zum Pflanzen, Aussäen und Wässern. Die Zeitangaben der Projekte schließen diese Schritte nicht mit ein und gehen davon aus, dass Werkzeuge, Pflanzen und Materialien bereitliegen und Sie startklar sind. Basiswerkzeug ist in den Materiallisten nicht enthalten.

DEN BODENTYP BESTIMMEN

Wer Typ und pH-Wert seines Bodens kennt, kann die Pflanzen passend wählen. Ein einfacher pH-Test sagt Ihnen, ob Sie sauren (geeignet für kalkfliehende Moorbeetpflanzen), neutralen oder alkalischen Boden haben. Fühlt sich die Probe körnig an und zerkrümelt unter Druck, ist der Boden sandig und wasserdurchlässig. Schwerer Tonboden ist formbar und bindet Wasser.

SANDIGER BODEN

TONBODEN

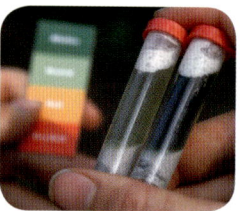

TEST DES PH-WERTS

DEN BODEN VORBEREITEN

Ist die Erde verdichtet, graben Sie sie mit Spaten oder Grabgabel um und zerkleinern große Klumpen. Zu trockenen Tonboden nicht umgraben. Das zerstört seine grobe Struktur, sorgt für noch schlechtere Dränage und er wird betonhart.

UNKRAUT ENTFERNEN
Einjährige Unkräuter abzupfen, mehrjährige ausstechen, auf Unkrautvernichter verzichten.

ORGANISCHES
Naturdung (Stallmist) oder Komposterde in das Pflanzareal einarbeiten.

DÜNGER
Langzeitdünger nach den Herstellerangaben in die Erde geben und gut untermischen.

ANDRÜCKEN
Die lockere Erde um den Wurzelballen herum mit der Hand andrücken.

WÄSSERN
Die Erde gut anfeuchten, damit sie sich um den Wurzelballen herum setzt.

KÜBEL BEPFLANZEN

Große Kübel und Körbe müssen weniger gewässert werden als kleine, und bieten den Wurzeln mehr Raum, wodurch die Pflanzen kräftiger wachsen. Füllen Sie Kübel nie ganz bis oben mit Erde. So kann das Gießwasser sich sammeln und langsam in die Erde sickern.

DRÄNAGELÖCHER
Kübel brauchen immer Dränage-löcher. Sie werden, falls nicht schon vorhanden, gebohrt.

KÜBEL AUSKLEIDEN
Eine isolierende Schicht schützt Wurzeln in Metallkübeln vor extremen Temperaturen.

GUT VORWÄSSERN
Den Wurzelballen unter Wasser drücken, bis keine Luftbläschen mehr aufsteigen.

DRÄNAGEMATERIAL
Die Dränagelöcher mit Ton-scherben, kleinen Steinen oder grobem Kies abdecken.

PFLANZTIEFE
Mit einem Stock überprüfen, ob der Wurzelballen eben mit dem umgebenden Boden abschließt.

MULCHEN
Eine rund 8 cm dicke Schicht Rindenmulch vermindert Unkraut und hält die Feuchtigkeit.

AUSSAAT

Säen Sie stets möglichst dünn – ob direkt in den Boden oder in Anzuchtschalen –, um den Pflanzen Raum zu geben. Bei der Anzucht im Haus Anzuchterde verwenden.

REIHENSAAT
Die Erde fein rechen, eine flache Rinne (Saatrille) ziehen, die Samen hineingeben und gut bedecken.

AUSDÜNNEN
Die Samen feucht halten. Einige Säm-linge herausnehmen, um anderen mehr Platz zu geben.

VEREINZELN
Im Haus in Saat-schalen vorgezogene Sämlinge in einzelne Töpfe mit genügend Erde umsetzen.

PFLANZEN KAUFEN

❊ **Etikett beachten** Das Etikett gibt die endgültige Höhe und Breite der Pflanze an, welchen Boden und wie viel Sonne sie verträgt, ob sie winterhart ist und ob sie mehrjährig (alljährlich wieder kommt) oder einjährig ist (ihren Lebenszyklus innerhalb eines Jahres vollendet und dann abstirbt).

❊ **Gesunde Exemplare wählen** Kaufen Sie gut gewachsene Pflanzen mit gesunden Blättern, die gut gewässert sind. Achten Sie auf Anzeichen von Krankheiten und Schäd-linge und meiden Sie Pflanzen mit verfilzten (heraushängenden) oder frei liegenden Wurzeln oder zu viel Unkraut im Topf.

❊ **Perfekte Pflanzen** Kaufen Sie Blühpflan-zen, wenn sie knospen und gerade mit der Blüte beginnen. Wählen Sie ein Exemplar, das neuen Wuchs zeigt. Prüfen Sie auch vorsichtig, ob der Wurzelballen gesund ist.

❊ **Zu meidende Pflanzen** Kaufen Sie nie halb winterharte Beetpflanzen und emp-findliche Stauden, die bei frostigem Früh-jahrswetter draußen stehen. Meiden Sie Pflanzen mit kranken oder toten Stängeln oder verformten oder verfärbten Blättern (sie sind Anzeichen für Insektenbefall, Erkrankung, Nährstoffprobleme oder Frost)

Pflegeleichte Terrassen

In der warmen Jahreszeit wird die Terrasse zur Erweiterung des Hauses oder der Wohnung – ein Ort, um die frische Luft zu genießen, zu essen und mit Freunden und Familie zusammen zu sein. Es lohnt den Aufwand, diese Fläche zu einem Aufenthaltsort für Tag und Nacht zu machen und ihr mit Töpfen und Blumenkästen Farbe, Struktur und Duft zu verleihen.

Frühjahrsputz

Bei den meisten Häusern stellt die Terrasse die Verbindung zwischen Haus und Garten her und lässt sich mit etwas Sorgfalt in ein gemütliches Wohnzimmer unter freiem Himmel verwandeln. Hier ist der Frühjahrsputz genauso wichtig wie im Haus selbst. Erkennen Sie die dringlichsten Arbeiten. Abgestorbenes Grün, verblühte Blumen und welke Blätter ziehen ganz ungewollt den Blick auf sich und sollten als Allererstes in Angriff genommen werden.

◑ IN FORM GEBRACHT

Kübelsträucher in Form schneiden (trimmen) und den Abfall entfernen, um Krankheiten zu vermeiden. Welke Blüten auskneifen und Alpinpflanzen, robuste Kräuter und zarte Stauden mit der Schere ausputzen. Unansehnliche Triebe einkürzen.

◑ VERBLASSTE PRACHT

Unattraktive braune Blütenköpfe und gelbe Blätter entfernen. Stärkere Blütentriebe mit der Gartenschere ausputzen und die welke Mitte aus Blütengruppen von Pflanzen wie Geranien auskneifen oder -schneiden. Die Blütenstiele langstieliger Blumen ausschneiden.

SCHNELL ANS ZIEL ... «

❊ **Farbe ins Bild** Kissen und Überwürfe bringen Farbe auf die Terrasse und wirken elegant.

❊ **Deckschicht** Verleihen Sie Kübeln mit Schiefersplitt, Kieseln oder Zierkies ein frisches Aussehen und verteilen Sie das gleiche Material dekorativ auf dem Boden um eine Gruppe von Kübeln.

❊ **Saubere Möbel** Entfernen Sie Flecken und Verschmutzungen auf Tisch und Stühlen mit warmem Seifenwasser und einer weichen Bürste.

❊ **Besenrein** Fegen Sie den Boden und bringen Sie Pflanzenreste auf den Kompost. Enge Ecken erreicht man am besten mit einem Handfeger.

🕐 KLETTERHILFE

Binden Sie neue Triebe von Kletterpflanzen an Drähten und Spalieren fest. Schneiden Sie verholzte Triebe zurück, die nach außen weisen oder zu tief unter Pergolastreben und Bögen hängen.

🕐 DURCHGEFEGT

Fegen Sie alle Böden sauber. Das geht oft mit einem weichen Zimmerbesen besser als mit einem steifen Straßenbesen. Säubern Sie Kiesflächen mit einem Laubbesen oder Laubbläser von Laub und Windbruch.

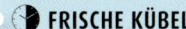

🕐 FRISCHE KÜBEL

Stellen Sie Kübel neu auf (Dreiergruppen wirken gut) und ersetzen Sie einzelne abgestorbene oder verwelkende Pflanzen durch frische. Wässern Sie die Kübel mit Schlauch und Gießstab und düngen Sie die Pflanzen mit Flüssigdünger.

🕐 UNKRAUT JÄTEN

Zupfen Sie alles Unkraut, das sich in Fugen und Spalten zwischen Bodenplatten und in Kiesflächen angesiedelt hat, mit den Fingern oder einem alten Messer aus. Verzichten Sie der Umwelt zuliebe auf Herbizide.

>> MIT ETWAS MEHR ZEIT ...

❋ **Austausch** Ersetzen Sie alle verwelkt aussehenden Pflanzen eines Kübels durch neue Exemplare in austauschbaren Plastikeinsätzen. Das macht das Auswechseln und die Neubepflanzung in Zukunft deutlich einfacher.

❋ **Abgeschrubbt** Schrubben Sie Algen und Moos auf Platten und Holzdielen mit einem Spezialreiniger gründlich weg.

Frühlingsboten

PFLANZEN & MATERIAL

Dränagematerial (S. 8–9)

Nährstoffreiche Blumenerde

Farbiger Pflanzkübel

3 × Zwergnarzissen (*Narcissus*)

3 × Schlüsselblumen (*Primula*)

1 × Schwarzer Schlangenbart (*Ophiopogon planiscapus* 'Nigrescens')

Wenn man einen farbenfrohen Kübel mit farblich abgestimmten Frühlingsblumen bepflanzt, entfaltet schon ein einziges Arrangement eine beeindruckende Wirkung. Hier nehmen die Narzissen die Farbe der schön gezeichneten Primeln auf, deren dunkle Zeichnung die fast schwarzen Blätter des *Ophiopogon planiscapus* 'Nigrescens' aufgreifen. Bedenken Sie bei der Planung auch den Bereich hinter dem Kübel. In diesem Fall bietet der blaue Zaun einen perfekten Kontrast zum Gelb sowohl des Kübels als auch der Pflanzen.

Im Herbst bepflanzte Frühlingsbeete können im Winter Schaden nehmen. Wenn man aber einige Töpfe mit Zwiebeln bestückt und diese auspflanzt, sobald es wärmer wird, sieht das Beet sofort frisch und attraktiv aus. Diese Pflanzen vertragen Sonne und leichten Schatten.

1 Den Kübel vorbereiten
Die Löcher mit Tonscherben abdecken und etwas Erde hineingeben, damit die höchsten Pflanzen die richtige Höhe haben. Abstand zwischen Wurzelballen und Topfrand lassen, um das Gießen zu erleichtern.

2 Die Mitte bepflanzen
Die Pflanzen gründlich wässern, dann die Narzissen aus ihren Töpfen lösen und einsetzen. Zwei Primeln neben die Narzissen und eine davor setzen. Darauf achten, dass sie aufrecht stehen.

3 Auffüllen
Den Schlangenbart aus seinem Topf lösen und die drahtigen Wurzeln mit den Händen trennen. Den Schlangenbart zwischen die Primeln setzen. Die Lücken mit Erde auffüllen.

MEHR AUSWAHL

❋ **Im Zentrum** Mittelhohe Narzissen, wie 'Jetfire' mit oranger Mitte, oder Hyazinthen. Die Tulpe 'Red Riding Hood' hat auffällige, witterungsfeste Blüten und marmorierte Blätter. Auch 'Purissima' (weiß) und 'Toronto' (rosa) halten sich gut.

❋ **Mittlere Höhe** Umgeben Sie die Zwiebelblumen mit einfarbigen Primeln, Gänseblümchen (*Bellis perennis*), Traubenhyazinthen (*Muscari armeniacum*), Stiefmütterchen (*Viola*) oder Schneeglanz (*Chionodoxa* 'Pink Giant').

❋ **An der Basis** Geeignet sind Efeu (*Hedera helix*), bronzefarbene *Ajuga reptans* 'Braunherz' oder 'Catlin's Giant' oder auch Seggen, wie *Carex flagellifera* und *Carex oshimensis* 'Evergold', Letztere mit kräftig gelb gestreiften Blättern.

4 Gut angießen
Die Blätter der Pflanzen rundum anheben, um sicherzustellen, dass keine Lücken zwischen den Wurzelballen bleiben. Die Pflanzen gleichmäßig angießen, damit die Erde sich setzt, und Lücken auffüllen.

Frühlingskübel

Nach dem Winter kann es eine Weile dauern, bis die Beete wieder bunt werden, aber dafür kann die Terrasse zum Frühlingsboten werden. In der meist wettergeschützten und sonnigen Umgebung gefällt es Tulpen und anderen Frühlingsblumen viel besser als an einem ungeschützteren und vielleicht nasseren Standort im Garten selbst.

◕ SCHICKE OPTIK

Dieses elegante Arrangement weicht von der üblichen Palette aus Blau, Weiß und Gelb ab. Setzen Sie den großen Goldlack *Erysimum* 'Bowle's Mauve' hinten in einen Terrakottakübel mit lehmhaltiger Erde und als Kontrast drei *Euphorbia amygdaloides* 'Purpurea' in den Vordergrund. Bepflanzen Sie einen weiteren, etwas kleineren Topf mit drei Tulpen 'Zurel' in Knospe und füllen Sie mit sechs *Senecio cineraria* 'Silver Dust' auf (Foto zeigt alle in einem Topf).

FUNKELNDES LAUB

Das silbrige, fein gefiederte Laub der immergrünen *Senecio cineraria* 'Silver Dust' hebt die dunkleren Töne hervor und passt besonders gut zu Weiß und Pastelltönen.

ELEGANTER TOUCH

Die Tulpe 'Zurel' mit ihren zweifarbig gezeichneten Blütenblättern ist ein Blickfang. Im Gartencenter findet man meist eine große Auswahl von Tulpen in Knospe.

HINTERGRUND

Der winterharte Goldlack *Erysimum* 'Bowle's Mauve' blüht ab Frühjahr und den gesamten Sommer hindurch. Die Vielzahl kleiner Blüten ist der perfekte Hintergrund für die Tulpen.

DUNKLE TÖNE

Die dunklen Blätter der *Euphorbia amygdaloides* 'Purpurea' spiegeln das tiefe Violett der Tulpen wider. Die grünen Blütenköpfe bringen Frische.

LETZTE HANDGRIFFE

Gießen Sie die Pflanzen an. Sie können die Tulpen auch im Topf in den Kübel setzen. Das erleichtert den Austausch verblühter Pflanzen.

❋ **Lange Blüte** Frühe *Crocus chrysanthus* entlang des Rands und eine spät blühende Tulpe wie 'Ballade' verlängern die Attraktivität.

❋ **Strauchiger Schutz** Am besten schützt man die zarten Blüten mit benachbarten immergrünen Sträuchern und Koniferen.

MEHR AUSWAHL

FUNKELNDES LAUB *Artemisia stelleriana* 'Boughton Silver', *Brunnera macrophylla* 'Jack Frost', *Convolvulus cneorum*, weiß marmorierte Efeu-Sorten (*Hedera helix*), *Heuchera* 'Silver Scrolls', *Lamium maculatum* 'White Nancy', *Pulmonaria saccharata* Argentea-Gruppe

ELEGANTER TOUCH Kaiserkrone (*Fritillaria-imperialis*-Sorten), gefüllte Narzissen, wie *Narcissus* 'Sir Winston Churchill' und 'Tahiti', Papageien-Tulpen, *Tulipa* 'Aladdin' (lilienblütig), *Tulipa* 'Angélique' (gefüllt, spät blühend)

HINTERGRUND Tränendes Herz (*Dicentra spectabilis*) und *Dicentra* 'Stuart Boothman', Zwerg-Rhododendron, Goldlack (*Erysimum* 'Constant Cheer'), *Viola* Sorbet-Serie, Schneeheide (*Erica carnea* und *Erica × darleyensis*-Sorten)

DUNKLE TÖNE *Ajuga reptans* 'Braunherz' oder 'Catlin's Giant', *Euphorbia dulcis* 'Chameleon', *Viola riviniana* Purpurea-Gruppe, *Heuchera* 'Licorice' und 'Obsidian', Fenchel (*Foeniculum vulgare* 'Purpureum' – neue Triebe), Schwarzer Schlangenbart (*Ophiopogon planiscapus* 'Nigrescens')

Sommerkübel

Wenn man Kübel mit einjährigen Gartenpflanzen und mehrjährigen Terrassenpflanzen wie hier gruppiert, entsteht im Handumdrehen ein Minigarten. Am besten hält man sich dabei an ein bestimmtes Farbschema. Hier finden Gelb-, Weiß-, Blau- und Silbertöne zusammen. Wenn das Bild etwas wärmer wirken soll, mischt man Orange, Rot und Kirschrot mit Violett, Bronze und Limette.

🕐 SCHICKE OPTIK

Pflanzen Sie eine Strauchmargerite (*Argyranthemum frutescens*) in einen 30-cm-Kübel mit Blumenerde. Bepflanzen Sie einen 25-cm-Topf mit drei blassgelben Hängepetunien und einem *Helichrysum petiolare* 'Limelight'. Bepflanzen sie einen möglichst ähnlich aussehenden Topf mit einem *Osteospermum* 'Whirlygig' und setzen Sie drei *Isotoma axillaris* in einen 23-cm-Topf. Schließlich arrangieren Sie die kleineren Kübel als Gruppe vor die großen.

BLÜTENPOWER
Petunien blühen oft den ganzen Sommer hindurch, wenn man sie regelmäßig ausputzt und vor allem großzügig mit Wasser und Flüssigdünger versorgt.

LÜCKENFÜLLER
Die farbenfrohen, kleinblütigen Pflanzen zwischen den größeren und auffälligeren Exemplaren halten das Bild zusammen. Besonders schön ist hier *Isotoma axillaris*.

BLÜHENDER STRAUCH
Halbsträucher wie diese gelb blühende Strauchmargerite (*Argyranthemum frutescens*) überragen niedrigere Terrassenpflanzen und sorgen so für ein dynamisches Arrangement.

LETZTE HANDGRIFFE

Kübelpflanzen angießen und an sonnigen Ort stellen. Wenn Sie keinen Langzeitdünger verwenden, beginnen Sie sechs Wochen später mit Flüssigdünger.

❋ **Mehrschichtig** Wenn die Pflanzen größer und buschig werden, stellen Sie die größeren Kübel auf Ziegel und arrangieren Sie die kleineren dekorativ davor.

❋ **Dunkler Hintergrund** Diese hellen Blüten wirken am stärksten vor einem kontrastierenden Hintergrund wie einem gestrichenen Zaun oder immergrünen Sträuchern.

❋ **Schlichter Untergrund** Feiner Kies auf dem Boden ist eine ideale Unterlage für verwitterte Kübel, Blüten und Laub. Auch schlichte Platten oder Schieferkies wirken gut.

❋ **Mischung** Ergänzen Sie das Arrangement durch einen Kübel mit silbernem *Helichrysum petiolare* und weißen oder cremefarbenen *Osteospermum*. Die Pflanzen dürfen ruhig ineinanderwachsen.

MEHR AUSWAHL

BLÜTENPOWER *Begonia* Illumination-Serie, *Bidens ferulifolia*, *Petunia* Tumbelina- und Surfinia-Serien, Hängegeranie (*Pelargonium* Mini-Cascade-Serie), hängende *Verbena* Temari-Serie

LÜCKENFÜLLER *Bacopa, Diascia, Lobelia, Nemesia*

BLÜHENDER STRAUCH Lavendel (*Lavandula pedunculata* subsp. *pedunculata*), *Fuchsia*

SCHÖNES LAUB *Solenostemon*, Pfennigkraut (*Lysimachia nummularia* 'Aurea'), *Helichrysum petiolare* 'Variegatum', *Lysimachia congestiflora* 'Outback Sunset', *Perilla frutescens* var. *purpurascens*

BLICKFANG *Begonia* 'Bonfire', *Begonia* Million-Kisses-Serie, *Fuchsia* 'Thalia'

SCHÖNES LAUB
Verlassen Sie sich nicht allein auf Blüten, um Farbe in Ihre Kübelpflanzung zu bringen. Auch Laub kann sehr attraktiv sein, vor allem bei Pflanzen wie *Helichrysum petiolare* 'Limelight'.

BLICKFANG
Manche Pflanzen buhlen geradezu um Aufmerksamkeit, wie z. B. *Osteospermum* 'Whirlygig'. Ungewöhnliche Blüten oder Blattformen verleihen Ihrem Arrangement Wirkung.

Terrassensträucher

PFLANZEN & MATERIAL

Großer Kübel mit Löchern (muss den Wurzelballen mit rundum 8–10 cm Platz aufnehmen können)

Eine Schicht Dränagematerial (S. 8–9)

Lehmhaltige Blumenerde

Langzeitdünger

Zierkies

Kleiner Strauch (hier *Hebe*)

Sträucher im Kübel gestalten Balkon und Terrasse. Größere Pflanzen geben dem Arrangement Höhe und Struktur und können auch als lebender Sichtschutz dienen.

Immergrüne Sträucher sind auch im Winter attraktiv, wenn laubabwerfende Sträucher, Stauden und nicht winterharte Blumen verwelkt sind. Einige Sorten bieten zudem im Sommer schönes Laub oder üppige Blüten. Sie alle können als Blickfang oder als Teil des Hintergrunds für blühende Zwiebelpflanzen und Blumen dienen.

Ein weiteres Argument für Kübelpflanzen: Wenn Ihr Garten säureliebenden Pflanzen, wie *Pieris* oder Rhododendren, nicht die richtigen Bodenbedingungen bietet, können Sie sie in Kübeln mit Rhododendron- oder Moorbeeterde ziehen.

MEHR AUSWAHL

❋ **Buchskugel** Ein kugelförmig geschnittener Buchs (*Buxus sempervirens*) wirkt besonders im Schatten gut.

❋ **Mediterraner Touch** *Lavandula pedunculata* subsp. *pedunculata* (Lavendel) ist ein lang blühender, duftender Strauch mit violetten Sommerblüten für sonnige Orte.

❋ **Lange Blüte** *Hydrangea petiolaris* 'Preziosa' ist eine schmalblättrige Hortensie mit dunklen Zweigen und rot überhauchtem Laub. Sie blüht im Sommer und Herbst rosa und dunkelt zu Burgunderrot nach.

❋ **Zartes Laub** Der Fächer-Ahorn (*Acer palmatum*) hat fein gefiederte Blätter in Tönen von Violett bis zu Blassgelb, Grün oder Bernstein. Er braucht Schutz vor Wind.

❋ **Duftendes Immergrün** Die Orangenblume (*Choisya × dewitteana* 'Aztec Pearl') ist eine kompakte Immergrüne mit duftenden weißen Blüten im Frühsommer, die oft erneut blüht. Sie benötigt Winterschutz.

1 Für Dränage sorgen

Die Löcher im Kübel mit einigen Tonscherben oder Steinsplittern abdecken. Dadurch kann keine Erde verloren gehen oder die Löcher verstopfen – das gestaute Wasser würde dann Staunässe verursachen.

2 Erde hinzufügen

Etwas Erde in den Kübel geben, sodass der Strauch in der richtigen Höhe sitzt. Etwa 3,5 cm Abstand zwischen Erde und Kübelrand lassen, um das Gießen zu erleichtern und Platz für Kiesmulch zu haben.

3 Die Wurzeln begutachten

Die Pflanze vorwässern, aus dem Topf lösen und die Wurzeln überprüfen. Die Wurzeln größerer Sträucher nicht beschädigen, sondern dicke verschlungene Wurzeln nur sanft mit den Fingern lockern.

4 Mittig pflanzen

Etwas Langzeitdünger unter die Erde mischen und den Strauch in die Mitte des Kübels setzen. Bis zur Höhe des Kauf-Topfs mit Erde auffüllen. Leicht andrücken.

5 Angießen

Langsam angießen, damit sich die Erde um die Wurzeln setzt. Das Wasser über eine auf die Erde gelegte Topfscherbe laufen lassen, um die Erde nicht auszuspülen.

6 Mit Kies mulchen

Eine Schicht Kies auf der Erde verteilen, um Unkraut in Schach zu halten. Für säureliebende Waldpflanzen eignet sich auch feiner Rindenmulch.

Herbstkübel

Im Herbst bietet der Handel eine große Vielfalt an Kübel-pflanzen an, darunter emp-findliche Kurzzeitlösungen, die nachts Schutz vor Kälte brauchen und winterfeste Pflanzen, die den Winter verschönern.

SCHICKE OPTIK

Geben Sie Dränagematerial in die Kübel. Veilchen und Zierkohl benötigen gewöhnliche Blumenerde. Die anderen sind säureliebende Pflanzen und brauchen Rhododendronerde. Pflanzen Sie sie ein und wässern Sie sie gründlich.

FARBTHEMEN

Bei diesem Arrangement unterstreichen die blauen Sorten der *Viola* Penny- oder Sorbet-Serie die sie umgebenden Rot- und Violett-töne. An einer geschützten Stelle blühen sie bei guter Pflege bis zum Frühling.

ZARTER SCHMUCK

Die papierartigen Blüten der *Erica gracilis* schmücken das Arrange-ment, das sich bis weit in den Winter hält, mit einem Spritzer von Karmesinrot oder Weiß.

IMMERGRÜNER GLANZ

Die Kombination aus dunkel glänzendem, kraftvollem Laub und roten Blütenknospen macht *Skimmia japonica* 'Rubella' zum idealen Hintergrund für zartere Blüten, wie die der Alpenveilchen.

BEERENSCHMUCK

Scharlach- oder blutrote Beeren, wie die der kriechenden *Gaultheria procumbens* (die Bee-ren sind giftig), leuchten vor dem »Vorhang« aus dunkelgrünem Laub. Setzen Sie sie einzeln oder als Lückenfüller.

BLATTFÜLLE

Kräftig getönte Zierkohlsorten glänzen mit satten Herbstfarben. Die kraftvolle runde Form verleiht dem Arrangement Struktur. Kneifen Sie gelbe Blätter an der Basis der Rosette aus.

LETZTE HANDGRIFFE

Blüten und Laub dieser Pflanzen wirken schon für sich, aber mit etwas Planung und sorgfältiger Aufstellung kommen sie erst richtig zur Geltung.

❋ **Reiche Mischung** Dieses Arrangement ist durch satte Herbsttöne inspiriert. Der »Glanz« entsteht durch die Kombination aus Karmesinrot, Violett, Tiefrot und sattem Grün.

❋ **Abstufungen** Ebenen geben kreative Freiheit. Laub und Blüten verdecken die Ränder der weiter hinten stehenden Kübel. Man kann auch einige Kübel auf Ziegel oder umgedrehte Töpfe setzen, um sie höher zu stellen.

❋ **Patina** Terrakotta wird mit der Zeit mit einer sanften Patina überzogen, die die satten Farben dezent unterstreicht. Am schnellsten geht das in einer feuchten, schattigen Ecke.

❋ **Geschützte Stelle** Die Wärme von Hauswänden, vor allem unter einem Vordach, schützt die Kübel oft vor Frost und trägt mit zu einer längeren Herbstblüte bei.

MEHR AUSWAHL

FARBTHEMEN Herbstblühende Nelken (*Dianthus*), Löwenmäulchen (*Antirrhinum majus*), gefüllte Zwergastern (*Aster*)

ZARTER SCHMUCK Dahlien, Zwerg-Alpenveilchen, Mini-Chrysanthemen, Zierpaprika

IMMERGRÜNER GLANZ Bergenia 'Eric Smith', Efeu (*Hedera helix*), *Skimmia × confusa* 'Kew Green'

BEERENSCHMUCK *Cotoneaster salicifolius* 'Gnom', *Gaultheria mucronata*, *Skimmia japonica*

BLATTFÜLLE *Ajuga reptans* 'Burgundy Glow', *Calluna vulgaris* 'Wickwar Flame', *Choisya ternata* 'Sundance', *Euonymus fortunei*, immergrüne Farne, *Heuchera*, Kleines Immergrün (*Vinca minor*), *Leucothoe* 'Scarletta', *Leucothoe axillaris* 'Curly Red', *Senecio cineraria* 'Silver Dust'

Winterkübel

In der dunklen Jahreszeit ist jede Blüte willkommen. Kübel sollten nahe am Haus stehen, damit man sie von drinnen bewundern kann. Hier kontrastieren weiße Schneeglöckchen zu dunklen, satten Tönen.

 SCHICKE OPTIK

Füllen Sie einen Plastikkübel mit lehmhaltiger Blumenerde. Setzen Sie zwei Töpfe mit Schneeglöckchen nach hinten, zwei *Cyclamen coum* an die Seiten und zwei *Iris reticulata* in die Mitte. Vorne sitzt eine *Primula* 'Wanda' und dazwischen drei Efeupflanzen.

DUNKLE PRACHT

Die *Iris reticulata* erscheinen zur gleichen Zeit wie die Schneeglöckchen, zu denen sie sehr schön kontrastieren. Setzen Sie die Zwiebeln in den Topf, statt sie in die Erde zu pflanzen, und nehmen Sie sie nach der Blüte wieder heraus.

DICHTES LAUB

In diesem dunkel getönten Arrangement gibt es viele interessante Blattfarben. Das glänzende Grün des Efeus passt gut zu den marmorierten Alpenveilchen und den Primelblättern.

STARKE KLEINODE

Dieses kleine Alpenveilchen blüht mehrfach über marmorierten, herzförmigen Blättern. Sie sollten nicht direkt von oben gegossen werden, da sie sonst schnell faulen.

WINTERBLÜTE

Nur wenige Blumen gedeihen bei Kälte, aber in mildem Klima tragen die relativ winterharten Primeln der Wanda-Gruppe bunte Blüten über dunkelgrünen oder bronze getönten Blättern.

STRAHLENDE BOTEN

Schneeglöckchen sind die willkommenen Vorboten des Frühlings. Im Topf eingesetzte Zwiebeln garantieren eine reiche Blüte.

LETZTE HANDGRIFFE

Benetzen Sie beim Wässern nicht das Laub, denn das begünstigt Pilzbefall. Die Kübel brauchen einen geschützten, sonnigen Standort.

❊ **Korb** Setzen Sie den Plastiktopf mit überhängendem Laub in einen Weidenkorb.

❊ **Treibholz** Vervollständigen Sie das Bild durch ein Stück Treibholz oder einen dunklen moosigen Stein als Hintergrundelement.

MEHR AUSWAHL

DUNKLE PRACHT *Crocus* 'Ladykiller', *Crocus tommasinianus* 'Barr's Purple', *Iris-reticulata-*Sorten, wie 'George', 'Harmony', 'Pixie', 'Purple Gem', 'Violet Beauty', Sibirischer Blaustern (*Scilla siberica* 'Spring Beauty')

DICHTES LAUB Schwarzer Schlangenbart (*Ophiopogon planiscapus* 'Nigrescens'), Efeu (*Hedera helix*), besonders gezähnte Sorten wie 'Très Coupé' und 'Königer's Auslese', *Uncinia uncinata rubra*

STARKE KLEINODE Nieswurz-Hybriden (*Helleborus × hybridus*), Schlüsselblume (*Primula vulgaris* und *Primula* Wanda-Gruppe), *Viola riviniana*

WINTERBLÜTE Zwerg-Alpenveilchen (nicht frosthart), *Primula* Wanda-Gruppe, *Viola* Sorbet-Serie

STRAHLENDE BOTEN *Crocus chrysanthus* 'Cream Beauty', *Crocus* 'Snow Bunting', gefüllte Schneeglöckchen (*Galanthus nivalis* fo. *pleniflorus* 'Flore Pleno' und andere Sorten, wie 'Atkinsii' und 'Magnet', *Iris reticulata*, z. B. blassblau-gelb gestreifte 'Katharine Hodgkin' und weiße 'Natascha').

Genügsame Pflanzen

Wenn Sie keine Zeit zum regelmäßigen Wässern haben oder häufig auf Reisen sind, gibt es Pflanzen, die sich mit sehr wenig Wasser zufriedengeben: Sukkulenten und Alpinpflanzen speichern Wasser in Blättern und Stängeln oder haben andere Strategien entwickelt, um mit Wassermangel zurechtzukommen.

SUKKULENTEN IN DER TEEKANNE

Anders als andere Topfpflanzen, die viel Erde benötigen, um ihre Wurzeln feucht zu halten, können Sukkulenten in allen möglichen Behältern überleben, sogar in einer alten Teekanne. Nehmen Sie Hauswurz (*Sempervivum*) oder Donarsbart (*Jovibarba*), kriechenden Steinbrech und andere rosettenbildende Sukkulenten, wie die empfindliche *Echeveria*.

EINPFLANZEN
Mischen Sie lehmhaltige Blumenerde mit 50 Prozent Kies und Gartensand. Bohren Sie ein Dränageloch in die Kanne und füllen Sie sie zu einem Drittel mit Dränagematerial und zu zwei Dritteln mit Erde und setzen Sie die Pflanze ein.

LETZTE HANDGRIFFE
Füllen Sie Lücken mit Erde, drücken Sie sie an und wässern Sie sparsam. Mulchen Sie mit bunten Glas- oder Acrylscherben, Muscheln, Kieseln oder Schotter. Arrangieren Sie ein lustiges Bild.

HÄNGENDE KUGEL
Verbinden Sie zwei Blumenampeln mit Draht und bepflanzen Sie sie von außen mit kleinen Sukkulentenablegern.

HÜBSCHE IDEEN

Angesichts einer Riesenauswahl von Hauswurz-Arten können Sie allein mit dieser Gattung dekorative Arrangements kreieren – sogar in Bodenfugen.

PRÄSENTATION

Um Ihre Sammlung an Alpinpflanzen oder Sukkulenten zu präsentieren, eignet sich wie hier eine Stufenbank oder Sie stellen die Töpfe und Schalen auf eine Treppe.

MEHR AUSWAHL

❅ **Mediterraner Touch** *Aeonium*, Italienische Immortelle (*Helichrysum italicum*), *Echeveria*, Hauswurz (*Sempervivum*), *Jovibarba*, Rosmarin (*Rosmarinus*), Schopflavendel (*Lavandula stoechas*)

❅ **Wüstencharme** Pflanzen für ein echtes Wüstenambiente: *Aloe*, *Haworthia*, Jadestrauch (*Crassula ovata*), Feigenkaktus (*Opuntia*), *Agave americana* 'Mediopicta', *Yucca*

❅ **Alpine Kübel** Marokkokamille (*Anacyclus depressus*), kriechender Thymian (*Thymus*), *Delosperma nubigenum*, *Sedum* (kriechende Sorten, wie *Sedum spathulifolium* 'Purpureum' und 'Cape Blanco')

METALLSKULPTUREN

Präsentieren Sie im Sommer große Kakteen und Sukkulenten an einer sonnigen geschützten Stelle. Die skulpturalen Formen von *Opuntia*, *Agave* und *Aeonium* wirken vor allem in Metallkübeln sehr modern.

MULCHE

Ein durchlässiger Mulch ist nicht nur dekorativ, sondern hält auch Blätter und Stammbasis trocken, sodass die Sukkulenten und Alpinpflanzen nicht faulen.

SCHIEFER

Schiefersplitter passen gut zu Alpinpflanzen. Aufrecht gestellt bilden sie eine interessante Textur.

KIES

Feiner Kies oder Steinsplitter setzen Sukkulenten wie diese *Haworthia* perfekt in Szene.

BLAUES GLAS

Betonen Sie die surrealen Formen Ihrer Pflanzen mit einem modernen Mulch aus farbigen Glasscherben.

Bepflanzte Flächen

PFLANZEN & MATERIAL

Robuste Arbeitshandschuhe und Schutzbrille

Fäustel (oder Hammer) und Meißel

Gartenerde

Langzeitdünger

Kleine Schaufel oder Gartenkelle

Pflanze nach Wahl (hier *Phormium* 'Evening Glow')

Zierkiesel als Mulch

Mit Wegplatten lässt sich auf praktische und preiswerte Weise eine ebene Fläche im Garten schaffen, aber sie sind nicht immer attraktiv. Das lässt sich relativ schnell ändern, indem man eine Platte entfernt und das entstandene Loch bepflanzt.

Für die verschiedenen Bedingungen im Garten eignen sich die unterschiedlichsten Pflanzen. Neben Farbe, ganzjährigem Schmuck oder Duft kann man auf diese Weise auch für Sichtschutz sorgen. So könnten Sie z. B. einen pflegeleichten Bambus, wie *Fargesia murielae* 'Simba' oder einen Schwarzrohrbambus (*Phyllostachys nigra*) setzen.

Hier haben wir den tiefrosa *Phormium* 'Evening Glow' gepflanzt. Er ist elegant und pflegeleicht, braucht aber das warme Mikroklima nahe der Hauswand und muss im Winter vor starken Frösten geschützt werden.

1 Standort wählen

Der Standort muss den Anforderungen der Pflanze an Sonneneinstrahlung, Wetterschutz usw. genügen. Eine Platte am Rand der Terrasse ist meist leichter zu entfernen als eine von anderen Platten umgebene.

2 Platte lockern

Die Hände mit Arbeitshandschuhen und die Augen mit einer Schutzbrille vor umherfliegenden Beton- oder Steinsplittern schützen. Die Fuge rund um die Wegplatte mit Fäustel und Meißel entsiegeln.

3 Die Fläche freilegen

Den Meißel unter die Wegplatte treiben, die Platte kippen und vorsichtig abheben. Anschließend Fugenreste, Sand, Kiesel und anderes Material der Unterlage entfernen.

4 Den Boden vorbereiten

Die Erde aus dem Loch bis zur Tiefe des Pflanztopfs ausheben und die Erde darunter auflockern. Den Grund des Lochs locker mit einer Mischung aus Gartenerde und Langzeitdünger befüllen.

5 Einpflanzen

Die Pflanze im Topf in die Erde drücken, um ein Pflanzloch zu schaffen, und die Höhe überprüfen. Den Topf entfernen, die Wurzeln sanft auflockern, die Pflanze einsetzen und das Loch mit Erde auffüllen.

6 Letzte Handgriffe

Die Erde um die Pflanze leicht andrücken, dann die Fläche mit dekorativen Kieseln mulchen. Die Kiesel dicht zusammenlegen, um Unkraut in Schach zu halten, ohne dabei die Pflanze zu beschädigen.

Blumenampeln

Manchmal sind Blumenampeln etwas schwierig zu pflegen, aber mit etwas Planung beim Bepflanzen und mit dem Einsatz arbeitssparender Materialien kann man sich das Leben leichter machen.

🕐 TOP-TIPPS

Eine üppig blühende Ampel erfordert eine regelmäßige Pflege. Beginnen Sie mit einer möglichst großen Ampel, ideal sind 35–40 cm Durchmesser. Füllen Sie sie mit Blumenerde, die mit feuchtigkeitsbindendem Material und einem Langzeitdünger vermischt ist. Folgen Sie den Tipps unten.

WÄSSERN

Installieren Sie ein Bewässerungssystem (S. 176–177) oder wässern Sie 40-cm-Ampeln alle zwei Tage mit dem Gießstab.

DÜNGEN

Geben Sie zu Anfang einen Langzeitdünger hinzu. Düngen Sie dann ab Mitte des Sommers alle 14 Tage mit Flüssigdünger.

AUSPUTZEN

Kneifen Sie regelmäßig verblühte Blüten und welke Blätter aus, damit die Pflanzen weiterhin blühen und gesund bleiben.

🕐 SEILZUG

Blumenampeln sind manchmal schwer zu erreichen. Ein Seilzug macht es in diesen Fällen leichter, die Pflanzen zu wässern und auszuputzen. Er wird an den in die Wand montierten Ampelhalter befestigt und ermöglicht es, die Blumenampel auf eine komfortable Höhe herabzulassen und anschließend wieder über Kopfhöhe hinaufzuziehen.

AUF (LINKS)

Hängen Sie die Ampel so hoch, dass Sie den Boden noch berühren können.

AB (RECHTS)

Das Absenken der Ampel erleichtert das Wässern und die Pflege der Pflanzen enorm.

GEEIGNETE PFLANZEN

Wenn Sie nicht regelmäßig gießen oder automatisch wässern können, pflanzen Sie wärme- und trockenheitsresistente Pflanzen. Meiden Sie dabei empfindliche Kandidaten, wie Lobelie, Petunie oder Fleißiges Lieschen.

TROCKENHEITSRESISTENT

Dies sind die Überlebenskünstler. Pflanzen Sie sie in lehmhaltige Erde mit Hydrogel-Perlen (S. 7).

❁ Blaue Kapaster (*Felicia amelloides*)

❁ Garten-Mittagsblume (*Dorotheanthus bellidiformis*)

❁ Hornklee (*Lotus berthelotii*)

❁ *Rhodanthemum hosmariense*

❁ *Sedum lineare* 'Variegatum'

❁ Portulakröschen (*Portulaca grandiflora*)

❁ Garten- oder Topfgeranien (*Pelargonium*)

SCHNELLE ERHOLUNG

Diese Pflanzen erholen sich schnell von Wassermangel, sollten aber nicht vollständig austrocknen.

❁ *Begonia semperflorens*

❁ *Bidens ferulifolia*

❁ *Diascia*

❁ Studentenblume (*Tagetes*)

❁ *Nemesia* (z. B. Maritana-Serie)

❁ *Scaevola aemula*

❁ *Brachyscome multifida*

❁ hängendes Eisenkraut (*Verbena* Tapien-Serie)

SCHÖNES LAUB

Ampelblumen blühen oft mit Pausen, da ist panaschiertes und buntes Laub willkommen.

❁ Dichondra 'Silver Falls'

❁ Efeu (*Hedera helix*)

❁ Pfennigkraut (*Lysimachia nummularia* 'Aurea')

❁ *Helichrysum petiolare*

❁ *Lysimachia congestiflora* 'Outback Sunset'

❁ Prunkwinde (*Ipomoea*)

❁ Gundelrebe (*Glechoma hederacea* 'Variegata')

GIESSTIPPS

Mit ein paar einfachen Tricks, wie einer wasserdichten Auskleidung mit Dränagelöchern oder den Tipps rechts, kann man verhindern, dass die Pflanzen in der Ampel zu schnell austrocknen.

RESERVOIR

Legen Sie einen Topfuntersetzer aus Plastik oder Keramik in die Ampel.

HYDROGEL-PERLEN

Mischen Sie das Granulat (S. 7) nach der Herstellerangabe unter die Erde.

◗ IM NOTFALL

Tauchen Sie eine vertrocknete Ampel über Nacht in eine Schüssel mit Wasser. Sobald sie sich erholt hat, schneiden Sie alle abgestorbenen Triebe und verwelkten Blüten aus.

Sommerliche Blumenampel

PFLANZEN & MATERIAL

- 40-cm-Ampel mit Kokosfasereinlage
- Schwarze Plastikfolie und Haushaltsschere
- Blumenerde
- Langzeitdünger und Wasserspeicher-Granulat (Hydrogel-Perlen)
- 1 Dahlie, 3 Zwerg-Strauchmargeriten (*Argyranthemum frutescens*), 3 *Petunia* Surfinia-Serie, 4 *Brachyscome multifida*, 3 panaschierte *Helichrysum*
- Austernschalen (s. Bild) oder Kiesmulch

Eine Ampel mit leuchtenden Blüten und bunten Blättern neben der Haustür ist eine schöne Begrüßung. Ampeln können eine nackte Wand verschönern und sind vor allem auf Terrassen beliebt, wenn es neben der Sitzfläche keinen Platz mehr für Beete mit bunten Kletterpflanzen oder Spaliersträucher gibt.

Hängen Sie mehrere Ampeln in unterschiedlicher Höhe auf, aber ohne sich das Gießen zu erschweren. Ein langer Gießstab am Gartenschlauch erleichtert das Wässern schwer zugänglicher Stellen ganz enorm.

Am einfachsten geht es mit einer fertig ausgeschlagenen Ampel, Sie können sie aber auch, wie hier gezeigt, selbst ausschlagen. Eine große 40-cm-Ampel hält die Feuchtigkeit besser als eine kleine.

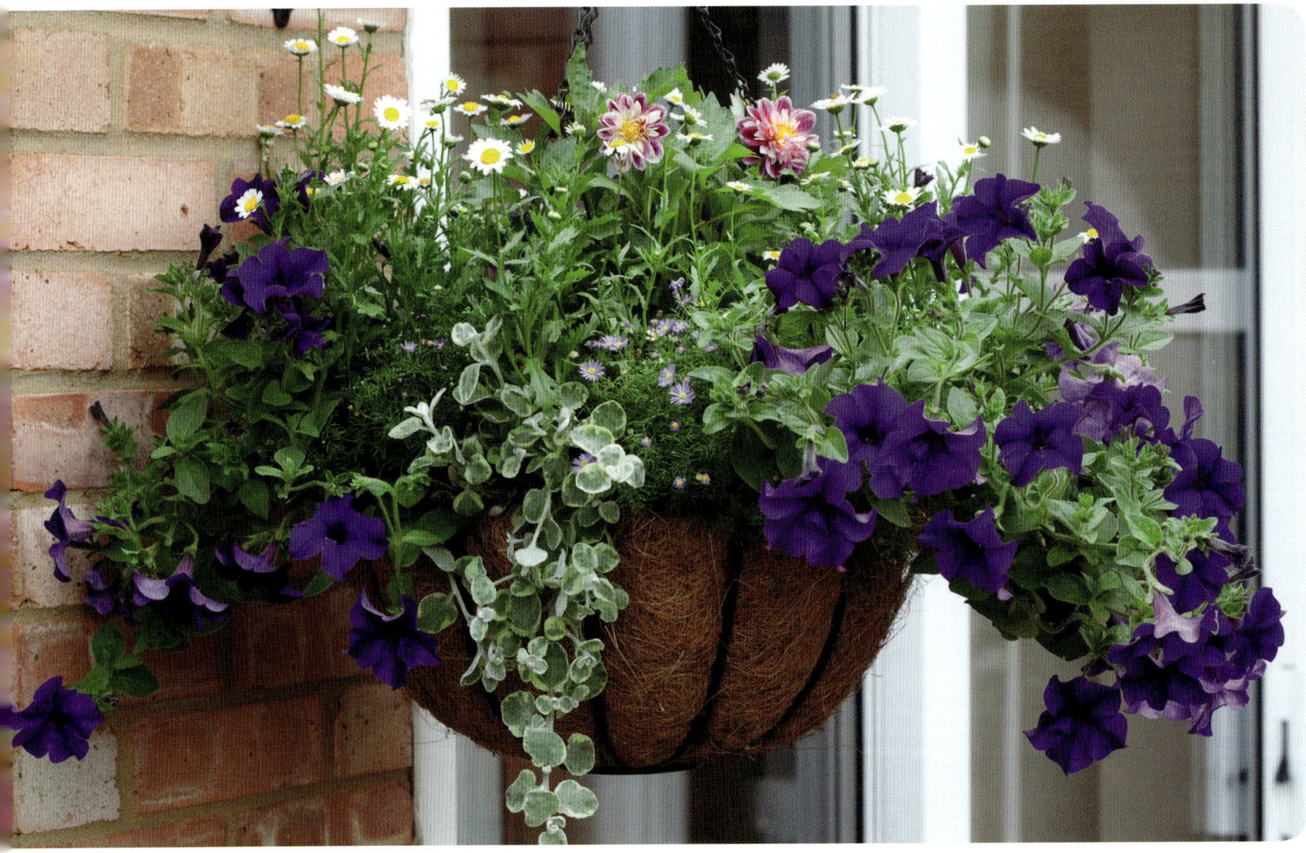

1 Auskleiden

Die Ketten aus dem Korb aushaken, um die Arbeit zu erleichtern. Einen großen Kreis aus der Folie ausschneiden, die als Reservoir dient, und in die Ampel legen.

2 Erde und Dünger einfüllen

Den Langzeitdünger nach Herstellerangabe unter die Blumenerde mischen. Etwas Erde in die Ampel füllen und das Wasserspeicher-Granulat hinzugeben. Gründlich durchmischen.

3 Die Mitte bepflanzen

Die Pflanzen in einem Eimer gründlich wässern, dann die Dahlie in die Mitte setzen. Sie hat die größten Blüten und dient dadurch als zentraler Blickfang.

4 Bepflanzen und mulchen

Strauchmargeriten und Petunien einsetzen und die Hängepflanzen (hier *Helichrysum*) an den Rand pflanzen. Mit Erde auffüllen, wässern und abschließend mit Austernschalen oder Kies mulchen.

5 Letzte Handgriffe

Die Ketten wieder einhängen und die Vorderseite des Arrangements bestimmen. Die Ampel an einer sonnigen Stelle an einen stabilen Ampelhalter oder Haken hängen.

UND ZWISCHENDURCH ...

❊ **Ausputzen** Kneifen Sie mit den Fingern oder der Schere welke Blüten und gelbe Blätter aus. Das fördert die Blüte und verhindert Krankheiten.

❊ **Regelmäßig wässern** Selbst wenn es anhaltend regnet, sollten Sie regelmäßig die Feuchtigkeit in der Ampel prüfen. Große Ampeln müssen jeden zweiten Tag gewässert werden.

❊ **Düngen** Blüten profitieren vor allem im Spätsommer von zusätzlichen Gaben von Flüssigdünger. Verwenden Sie einen für Kübelpflanzen geeigneten Dünger.

❊ **Überschüssiges Laub entfernen** Schneiden Sie überschüssiges Laub mit der Schere zurück, um ein perfektes Bild zu erzielen.

Selbst gebauter Sonnenschutz

PFLANZEN & MATERIAL

Stoff (Breite der Pergola × 1,5-fache Länge)

Akkuschrauber und Holzbohrer

Schraubösen und Schraubendreher

Dicker verzinkter Draht

Kombizange oder Seitenschneider

Bügelsaumband

Wäscheklammern und Tischtuchgewichte

Während Sie warten, dass Ihre Kletterpflanzen die Pergola begrünen, können Sie schon mal selbst für etwas Sichtschutz sorgen. Ein Sonnensegel aus heller Baumwolle sorgt für ein schönes »1001 Nacht«-Ambiente und hält neugierige Blicke aus umliegenden Fenstern ab, ohne dadurch Licht und Luft auszu-schließen. Ideal ist Baumwolltuch (Sie können unter Umständen ein altes Bettlaken recyceln), aber auch jeder schnell trocknende Stoff, wie Musselin, eignet sich. Schauen Sie im Handel einfach nach Stoffresten.

Schraubösen, Draht und Rank-hilfen erhalten Sie in Baumärkten und Gartencentern.

1 Führungslöcher bohren

Die Position der Drähte festlegen – idealerweise unter den Querstreben der Pergola. Die Führungslöcher mit einem Holzbohrer bohren, der etwas kleiner ist als der Durchmesser der Schrauböse.

2 Ösen einschrauben

Ösen und Draht sollen Kletterpflanzen und Spalierobst Halt beim Ranken bieten und sind auch hier die perfekte Lösung. Die Ösen in die Führungslöcher schrauben und mit dem Schraubendreher festziehen.

3 Draht spannen

Den Draht durch die Öse ziehen und ein Ende verdrillen. Den Draht bis zur gegenüberliegenden Öse spannen, in der richtigen Länge abschneiden, straff ziehen und das Ende mit der Kombizange verdrillen.

4 Den Stoff vorbereiten

Die offenen Stoffränder einfalten und mit Bügelsaumband gegen ein Ausfransen schützen. Das geht schneller als Nähen.

5 Aufziehen

Den Stoff so über die Drähte drapieren, dass er in gleichmäßigen Wellen fällt, und mit Wäscheklammern befestigen.

6 Beschweren

Tischtuchgewichte aus dem Haushaltswarenhandel an allen vier Ecken verhindern, dass der Stoff im Wind flattert.

Schneller Sichtschutz

Damit Sie sich beim Entspannen oder Essen auf Ihrer Terrasse auch wirklich wohlfühlen können, sollten Sie sicher sein, dass Sie dies nicht unter den neugierigen Blicken der Nachbarn tun. Dazu bedarf es vielleicht nur eines gut platzierten Baums, aber es gibt auch eine Reihe weiterer mobiler und permanenter Lösungen.

🕐 SCHNELLE ABSCHIRMUNG

Mit Pflanzen und provisorischen Rahmenkonstruktionen lässt sich schnell Privatsphäre herstellen. Manche Pflanzen bringen zusätzlich Duft und Farbe auf die Terrasse, andere, wie Bohnen, schirmen nicht nur ab, sondern liefern auch noch Essbares. Einjährige Kletterpflanzen, wie Kanarien-Kapuzinerkresse (*Tropaeolum peregrinum*), wachsen besonders schnell.

TOMATENKÄSTEN

Pflanzen Sie an einem sonnigen, geschützten Ort ans Freiland gewöhnte Spaliertomaten im Abstand von etwa 45 cm. Gute Sorten sind 'Black Cherry' und 'Dolce Vita'. Tiefe, schwere Kästen sorgen für festen Stand und bessere Wachstumsbedingungen als Pflanzsäcke. Faltspaliere und Bambusstäbe bieten den Pflanzen Halt. Binden Sie neue Triebe regelmäßig hoch.

BLUMENREIHE

Eine Reihe gleichartiger und mit gleichen Pflanzen bepflanzter Kübel auf einer niedrigen Mauer wirkt wie eine blühende Hecke.

MOBILE KÜBEL

Auf Pflanzenroller gestellter Bambus im Kübel, wie *Phyllostachys aurea* oder *Fargesia nitida*, ergibt einen mobilen Sichtschutz.

🕐 SO GEHT'S

* **Setzlinge ziehen** Im Frühjahr können winterharte Duft-Wicken auf der sonnigen Fensterbank gezogen werden. Vorgezogene Pflanzen, die bereits ans Freiland gewöhnt sind, gibt es im Gartencenter.

* **Bambusspalier** Den Boden neben der Terrasse mit Komposterde verbessern. Das Spalier aufstellen, bepflanzen und angießen.

HÜBSCHE IDEEN

Ein Sichtschutz kann dauerhaft montiert werden und dabei ebenso dekorativ wie funktional sein. Die Ideen unten zeigen Ihnen, wie Sie für Sichtschutz sorgen können, ohne dass ein Bereich dunkel oder vom übrigen Garten abgetrennt wirkt.

BUNTE SEGEL

Früher musste man dreieckige Sonnensegel vom Segelmacher oder Schneider anfertigen lassen, aber heute erhält man weiße oder farbige Segel in diversen Formen im Gartencenter und im Onlinehandel.

BUNTGLASPANEELE

Dieser Sichtschutz besteht aus bunten Glasscheiben, aber Sie können auch alte gefärbte Buntglasscheiben bei manchen Glasereien kaufen und in ein ganz normales Spalier einbauen.

JAPANISCHE WAND

Diese fertig gekauften Paneele aus Kunststofffolie und Holz eignen sich perfekt, um eine raumartige Atmosphäre zu schaffen, vor allem unter einer Pergola. Sie lassen so viel Licht durch, dass man sie auch zum Unterteilen schattiger Innenhöfe nutzen kann.

BULLAUGEN

Einige Hersteller von Spalieren und Zäunen bieten Paneele mit fensterartigen Öffnungen an, die bei allem Schutz einen Blick in den Garten oder die Landschaft dahinter gewähren. Sie können auch selbst ein rechteckiges Fenster in einen Zaun schneiden.

Herausgeputzt

Nach einem langen, nassen Winter ist die Terrasse meist ziemlich unattraktiv, aber Sie können sie im Handumdrehen fit für einen schönen, langen Sommer unter freiem Himmel machen. Schmutz, Moos und Algen befallen im Winter gerne Kübel, Möbel und Platten. Das sieht nicht nur unschön aus, es macht auch den Boden rutschig und gefährlich. Ein Früh-jahrsputz dagegen verschönert nicht nur die Terrasse, sondern verlängert auch die Lebensdauer der Gartenmöbel.

⊕ HOCHDRUCKREINIGUNG

Beseitigen Sie zunächst mit einem harten Straßenbesen oberflächlichen und losen Schmutz. Schließen Sie dann den Hochdruckreiniger an und spritzen Sie die Fläche systematisch ab. Achten Sie darauf, nicht zuviel Wasser zu verbrauchen, und übertreiben Sie es nicht: Der Hochdruckstrahl kann die Fugen ausspülen und Oberflächen abtragen.

⊕ KÜBEL REINIGEN

Verwittert aussehende Terrakottakübel können romantisch wirken, man kann sie aber auch reini-gen. Bei Feuchtigkeit bilden sich mit der Zeit Algen, die kräftig abgeschrubbt werden müssen. Beginnen Sie mit einer harten Bürste und schrubben Sie dann mit Seifenwasser. Ein Spritzer Zitronensaft oder Essig im Wasser erleichtert die Arbeit.

SCHNELL ANS ZIEL ... «

❋ **Kübel** Entfernen Sie als Schnelllösung alte, müde Pflanzen aus Kübeln und bedecken Sie die Erde mit Kies, Kieseln oder Schiefer. Räumen Sie ungenutzte Kübel weg.

❋ **Farbe ins Bild** Geschlossene Sonnenschirme wirken traurig – öffnen Sie sie. Kaufen Sie bunte Kissenbezüge und stellen Sie farblich passende Laternen auf den Tisch.

❋ **Mittelpunkt** Ein hübscher Topf mit niedrigen Kräutern oder Blumen macht den Tisch fröhlicher.

❋ **Aufräumen** Eine aufgeräumte Terrasse sieht sofort besser aus. Schaffen Sie also Ordnung.

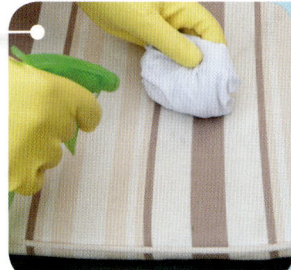

⊕ POLSTERREINIGUNG

Wenn die Bezüge Ihrer Polster nicht abnehmbar sind oder Sie den Sonnenschirm reinigen wollen, tupfen Sie Flecken mit einem weichen Tuch und einem Spray aus mildem Reiniger und Wasser ab.

◑ KISSEN

Kissen können eine Außenfläche in einen gemütlichen Raum verwandeln. Verstreut auf Stühlen, Sofas oder auch dem Boden, mildern sie harte Linien und bringen Farbe in einen trüben Tag. Der Handel hält eine riesige Auswahl bereit, sogar wasserfeste Modelle.

⊕ MÖBEL REINIGEN

Holzmöbel können im Winter ein deprimierendes Grau annehmen. Mit einem Topfreiniger und warmem Seifenwasser können Sie den Schmutz abschrubben und die natürliche Holzfarbe hervorbringen.

◑ HOLZ ÖLEN

Schützen Sie Holz mit Teaköl vor Pilzbefall. Gießen Sie etwas Öl in ein Marmeladenglas und tragen Sie es mit einem sauberen Pinsel auf das Holz auf. Unbehandelte Eiche können Sie auch verwittern lassen.

>> MIT ETWAS MEHR ZEIT ...

❋ **Unkraut beseitigen** Die Fugen zwischen Bodenplatten sind für Unkraut und Moos unwiderstehlich. Sie können Unkrautvernichter verwenden, aber für die Umwelt ist es besser, Unkraut mit der Kelle zu entfernen.

❋ **Holz auffrischen** Schrubben Sie Spaliere und Zäune kräftig ab, um den Schmutz zu entfernen, und tragen Sie eine neue Lasurschicht auf. Sie können das Holz sogar neu streichen, um einen Bereich aufzuhellen.

Mosaikfliese

Toben Sie sich mit diesem einfachen Projekt künstlerisch aus. Hat man erst einmal alles zusammen, was man braucht, geht es ganz leicht von der Hand. Das Schöne an diesem Muster ist seine große Vielseitigkeit: Man kann die Perlen symmetrisch in Reihen oder wie hier asymmetrisch anordnen.

Verzieren Sie auf diese Art eine bereits verlegte Fliese oder dekorieren Sie eine neue Platte und verschönern Sie damit ein Kübelarrangement. Wenn Ihr Boden aus Kies oder Schiefersplitt besteht, kann die Platte den dekorativen Mittelpunkt der Fläche bilden. Eine Fliese können Sie auch an der Hauswand montieren oder Sie verzieren damit die Seite eines Hochbeets.

Wenn die verzierte Platte an eine vor Frost geschützte Stelle gelegt wird, verhindert man, dass die Perlen sich lösen.

1 Mörtel auftragen
Den Mörtel gleichmäßig mit dem Spachtel auf der Platte verstreichen. Die Schicht muss dick genug sein, um die Perlen halb darin zu versenken.

2 Das Muster anzeichnen
Mit dem Nagel oder Bleistift ein Gitter aus gleich großen Quadraten in den Mörtel zeichnen. Die Abstände zwischen den Linien dabei exakt abmessen.

3 Die Perlen aufbringen
Mit einem Quadrat blauer Perlen in der Mitte beginnen und eine Umrahmung aus grünen Perlen legen. Die Perlen zu diesem Zeitpunkt nur leicht andrücken.

HÜBSCHE IDEEN

❊ **Schiefermosaik** Arrangieren Sie aus einem Sack Schiefersplitt ausgesuchte Splitter in einem fließenden Muster, indem Sie sie aufrecht liegend in eine dicke Schicht Mörtel drücken. Sehr schön machen sich Spiral- oder Strahlenmuster.

❊ **Spiegelschindel** Bekleben Sie eine Schieferschindel mit Splittern von zerbrochenen CDs oder mit Spiegelstücken. Tragen Sie beim Schneiden dieser Materialien immer eine Schutzbrille. Mit den vorgebohrten Löchern lässt sie sich leicht aufhängen.

❊ **Gekauftes Mosaik** Schneiden Sie Mosaikfliesen in Quadrate und Streifen und kleben Sie sie mit Fliesenkleber auf eine Platte oder Fliese. Verputzen Sie die Fugen und wischen Sie überschüssigen Mörtel ab.

4 Fertigstellen

Weitere Perlen entlang der Linien setzen. Zum Schluss die Perlen festdrücken und abschließend den fast trockenen überschüssigen Mörtel mit dem Lappen abwischen.

Bunte Beete

Mit ein wenig Planung lassen sich farbenfrohe Beete mit Sträuchern, Stauden und sogar Kletterpflanzen anlegen, die ihre Pracht das ganze Jahr hindurch entfalten. Ob Sie nun einen eher romantischen oder einen moderneren Garten bevorzugen – Sie können jederzeit mit der Wahl der richtigen Pflanzen selbst ungünstige Bedingungen meistern. Zudem gibt es einfache Möglichkeiten, ausgelaugte Beete wieder zu beleben und neue Beete anzulegen.

Frühlingskur

Gehen Sie in Etappen vor und orientieren Sie sich am Wetter und am einsetzenden Wuchs. Mit dem Mulchen und dem Rückschnitt von robusten sommergrünen Sträuchern und Rosenhecken können Sie bald nach dem Frost beginnen.

◗ RÜCKSCHNITT

Im Hochsommer blühende Sträucher, wie Sommerflieder (*Buddleja davidii*), Malve (*Lavatera*) und *Hydrangea paniculata*, kräftig zurückschneiden, nicht aber *Hydrangea macrophylla*. Hartriegel, Brombeeren (S. 182–183) und goldblättrige Spiersträucher (*Spiraea*) zurückschneiden. *Clematis viticella* und *C. texensis* im Spätwinter etwa 30 cm über dem Boden oberhalb eines kräftigen Knospenpaars schneiden.

◗ UNKRAUT JÄTEN

Bei wärmerem Wetter sprießendes einjähriges Unkraut auszupfen und besser auf Unkrautvernichter verzichten. Wer früh genug eingreift, spart später Arbeit. Mehrjähriges Unkraut samt Wurzel mit dem Unkrautstecher ausgraben.

◗ BODEN VERBESSERN

Im Spätwinter oder frühen Frühjahr grobes organisches Material, wie abgelagerten Stallmist oder Komposterde, als Mulch ausbringen, bevor die Stauden wirklich zu wachsen beginnen. Um die Pflanzenbasis herum eine Lücke lassen, um die Stämme zu schützen.

SCHNELL ANS ZIEL ... «

❊ **Tote Stängel ausputzen** Als Winterschmuck belassene tote Blüten- und Fruchtstände abschneiden und tote Blätter immergrüner Pflanzen, wie Bergenien, entfernen. Bei mehrjährigen Gräsern die abgestorbenen Blätter erst abziehen, wenn neuer Wuchs erscheint.

❊ **Bartfaden zurückschneiden** Die Triebe bis kurz oberhalb des neuen Wuchses etwa auf halber Höhe der Pflanze zurückschneiden.

❊ **Frühlingszwiebeln einpflanzen** Im Topf gezogene Zwiebelpflanzen mit dem Topf ins Beet setzen. Ein wenig Erde tarnt die Topfränder.

PFLANZEN ANBINDEN

Neue Triebe an Kletterpflanzen und Sträuchern vor Mauern können durch Wind abgeknickt werden. Regelmäßig an Drähten oder Spalieren festbinden und so führen, dass die Triebe Flächen abdecken können.

BLÜTEN AUSPUTZEN

Die welkenden Blüten und Fruchtstände größerer Zwiebelpflanzen, wie Narzissen und Tulpen, abzupfen. Stängel und Blätter über 6–8 Wochen absterben lassen, damit die Zwiebel für die nächstjährige Blüte regenerieren kann. Mit flüssigem Tomatendünger düngen.

STÜTZEN EINSETZEN

Rankstäbe und Spaliere rechtzeitig einsetzen, damit der neue Wuchs sie verdecken kann. Hohe Stauden, wie etwa Rittersporn, lassen sich besonders elegant mit spiralförmigen Rankstäben abstützen.

PFLANZEN TEILEN

Für einen kräftigeren Wuchs Stauden heben und teilen. Alte, unproduktive Pflanzenteile wegwerfen. In gut vorbereiteten Boden einsetzen und als Starthilfe eine Schicht Universaldünger ausbringen.

›› MIT ETWAS MEHR ZEIT …

❋ **Robuste Einjährige säen** Lücken mit schnell erblühenden Einjährigen, wie Garten-Ringelblume oder Klatsch-Mohn, füllen. Dafür die Samen in Reihen auf geharkten Flächen säen, um Verwechslungen mit Unkraut zu vermeiden.

❋ **Sommerzwiebeln pflanzen** Exotischere Sommerblüten erhält man mit winterharten Zwiebelpflanzen, wie Lilien oder Zierzwiebeln (*Allium*).

Spätfrühlingsbeet

Diese Zusammenstellung aus Zwiebelpflanzen, Goldlack und blühenden Sträuchern strotzt nur so vor Farbe – von ihrem herrlichen Duft ganz zu schweigen. Die vielen Blüten und frischen Blätter künden von wärmeren Temperaturen. Auch wenn Sie im Herbst keine Zwiebeln gepflanzt haben, können Sie diesen Vorgeschmack auf den Sommer erzielen, indem Sie vorgezogene Pflanzen einsetzen.

🕐 SCHICKE OPTIK

Pflanzen Sie in saure Erde (Rhododendronerde als Pflanzerde, pH-Wert unter 7, S. 8) eine sommergrüne Azalee. Ist der Boden sehr leicht, wird er mit organischem Material (S. 8) aufgearbeitet. In neutrale oder alkalische Erde pflanzen Sie hinten *Kerria japonica* 'Pleniflora', davor drei Töpfe Prärielilien und ganz vorne ins Beet fünf Töpfe knospenden Goldlack. Verteilen Sie dazwischen fünf Töpfe Tulpen, wie 'Strong Gold' oder 'Golden Apeldoorn'.

KÜHLE NOTE
Die nordamerikanische Prärielilie (*Camassia quamash*) überbrückt als Zwiebelpflanze die Lücke zwischen Frühjahr und Sommer und liebt es, genau wie die Azalee, eher kühl.

TULPENPRACHT
Tulpen der Triumph-Gruppe, wie 'Strong Gold' (im Bild), haben lange Stängel und recht wetterfeste Blüten. Sie wirken hübsch zwischen höherem Goldlack und Vergissmeinnicht.

AB INS BEET
Duftender einjähriger Goldlack (*Erysimum cheiri*) lockt früh Schmetterlinge und Bienen an. Wer im Herbst nicht gepflanzt hat, erhält den selben Effekt mit vorgezogenen Pflanzen.

BLÜTE
Die sommergrüne Pontische Azalee (*Rhododendron luteum*) verströmt einen betörenden Duft. Sie liebt gut gemulchten, feuchten, sauren Boden.

LETZTE HANDGRIFFE

Dieses Arrangement liebt volle Sonne, gedeiht aber auch im Halbschatten. Azaleen und Prärielilien mögen den lichten Schatten unter Bäumen.

❋ **Tulpen-Potpourri** Wenn Sie Tulpen mit versetzter Blühperiode durcheinander pflanzen, erstrahlt das Beet länger in voller Pracht. Die hier gezeigten orangeroten Tulpen mit gelbem Blütenrand runden die Farbpalette harmonisch ab. Wer Zwiebeln im Herbst etwa 23 cm tief einsetzt, hat gute Chancen, dass sie immer wieder erblühen.

❋ **Lückenlose Blüte** Die Zierzwiebel *Allium hollandicum* 'Purple Sensation' schließt mit ihrer Blütezeit direkt an die der Tulpen an.

MEHR AUSWAHL

KÜHLE NOTE *Brunnera macrophylla,* Marien-Glockenblume (*Campanula medium*) violette und weiße Formen, Hasenglöckchen (*Hyacinthoides non-scripta*), Silberblatt (*Lunaria annua* und die weiße *Lunaria annua* var. *albiflora*), Weißer Fingerhut (*Digitalis purpurea* fo. *albiflora*)

TULPENPRACHT *Tulipa* 'Ballerina' (orange), *Tulipa* 'Queen of Night' (dunkelviolett), *Tulipa* 'Queen of Sheba' (orangerot mit gelben Blütenrändern), *Tulipa* 'Striped Bellona' (gelbe Blütenblätter mit rotem Federmuster)

AB INS BEET Kugel-Primel (*Primula denticulata*), Wald-Vergissmeinnicht (*Myosotis sylvatica*), mehrjähriger Goldlack (*Erysimum* 'Constant Cheer')

BLÜTE *Chaenomeles* × *superba*-Sorten, *Exochorda* × *macrantha* 'The Bride', Blut-Johannisbeere (*Ribes-sanguineum*-Sorte und *Ribes odoratum*), *Kerria japonica* 'Pleniflora', *Viburnum* × *burkwoodii, Viburnum* × *carlcephalum*

Sommer-Arbeiten

Regelmäßiger »Hausputz« sorgt im Sommer in gemischten Rabatten dafür, dass sie weiterhin kräftig blühen. Auch kann man dabei frühzeitig etwas gegen Probleme durch Schädlinge, Regenmangel, übermäßigen Wuchs oder Unkraut unternehmen.

🌓 ZWIEBELN STEHEN LASSEN

Im Frühsommer blühende Zierzwiebeln, wie *Allium hollandicum* 'Purple Sensation', und die größeren kugelförmigen Blütenköpfe von *A. cristophii* nicht abschneiden, denn sie sind auch abgeblüht sehr attraktiv.

🌓 CLEMATIS ANBINDEN

Bis zur Mitte des Sommers haben Rankpflanzen und Sträucher meist viele neue Triebe entwickelt. Leiten Sie sie in die gewünschte Richtung und binden Sie sie früh an Rankhilfen, damit sie sich nicht an anderen Pflanzen festhalten oder in sich selbst verheddern.

🌓 SAMEN IM AUGE BEHALTEN

Manche Pflanzen dürfen sich gerne selbst aussäen, andere, wie der Weiche Frauenmantel (*Alchemilla mollis*), breiten sich dann unkrautartig aus. Solche Pflanzen direkt nach der Blüte bis zum Boden abschneiden, dann düngen und wässern.

SCHNELL ANS ZIEL ... «

- ❋ **Rasenkante trimmen** Beete sehen noch schöner aus, wenn Sie die Rasenkante mit der Kantenschere oder dem elektrischen Trimmer sauber halten und gleichzeitig die Beetränder jäten.

- ❋ **Rindenmulch auffüllen** Rindenmulch hält die Feuchtigkeit in den Beeten und ist sehr attraktiv.

- ❋ **Blühendes Unkraut jäten** Wer schnell reagiert, kann blühende Unkräuter auszupfen oder -graben, bevor sie sich aussäen. Zupfen Sie auch überschüssige Sämlinge von Zierpflanzen aus.

- ❋ **Früh blühende Sträucher zurückschneiden** (siehe S. 186–187)

🕐 AUF PATROUILLE

Blattläuse vom Laub abstreifen. Raupen absammeln und nachts auf Schneckenjagd gehen. Lilienhähnchen (links) und ausgewachsene Gefurchte Dickmaulrüssler absammeln (Larven biologisch bekämpfen).

🕐 BLÜTEN AUSPUTZEN

Welke Blüten von Einjährigen und nicht winterharten Stauden mit Daumen und Zeigefinger oder der Schere abkneifen. Kräftigere Stiele, wie bei Rosen, mit der Gartenschere kurz über einem Auge abschneiden.

🕐 UMSICHTIG WÄSSERN

Nur die ab dem letzten Herbst neu gesetzten Pflanzen wässern. Ihr Wurzelsystem hat sich teils noch nicht ausreichend etabliert, um mit der Trockenheit im Sommer klarzukommen. Immer früh oder spät am Tag wässern, damit möglichst wenig Wasser verdunstet.

🕐 ERNEUTE BLÜTE

Um die Bildung neuer Blüten anzuregen, schneidet man die abgeblühten Blütenstände von Storchschnäbeln ab und kappt den Blütenstängel bei Lupinen, Rittersporn und Königskerzen bodennah über einem Auge.

>> MIT ETWAS MEHR ZEIT …

❊ **Sträucher zurückschneiden** Laubabwerfende Sträucher mit ornamentalem Blattwerk werden häufig zu groß. Durch einen Schnitt halten Sie sie in Form. Immergrüne Sträucher ebenfalls zurückschneiden.

❊ **Stauden verjüngen** Einige Stauden, wie etwa Blauminze (*Nepeta × faassenii*) und *Lamium maculatum*, blühen üppiger, wenn man sie nach der Blüte zurückschneidet. Düngen und Wässern fördert neuen Wuchs.

Sommerbeet

Diese leuchtende, aber kühle Pflanzenauswahl ist sehr elegant, und wer mehr Platz im Garten hat, findet im Kasten gegenüber noch mehr Auswahl. Alle Arten und Sorten gedeihen in der Sonne.

🕐 SCHICKE OPTIK

Setzen Sie fünf bis sieben *Knautia* 'Melton Pastels' im Zickzack, dazwischen drei Töpfe *Nectaroscordum*. Davor pflanzen Sie in einer Wellenlinie fünf Spornblumen (*Centranthus ruber* 'Albus') und dazwischen drei *Salvia* 'Mainacht' und drei Frauenmantel.

LEBENDE SKULPTUREN

Nectaroscordum siculum bezaubert nicht nur durch ihre herrlich hängenden Blüten, sondern auch durch ihre späteren, märchenhaft schönen Fruchtstände. Blühend kaufen oder im Herbst als Zwiebeln setzen.

HOCH HINAUS

Die kleinen runden Blütenköpfe von *Knautia* 'Melton Pastels' schweben auf hohen Stängeln in der Luft und locken Bienen und Schmetterlinge an. Regelmäßig ausputzen.

WIEDERKEHRENDE BLÜTE

Viele der hier vorgestellten Pflanzen blühen über Monate immer weiter, die weiße Form der Roten Spornblume (*Centranthus ruber* 'Albus') bildet da keine Ausnahme.

WEICHER KONTRAST

Vor einem »neutralen« Hintergrund, wie diesem niedrig wachsenden Frauenmantel (*Alchemilla mollis*) setzen sich die prächtigen Farben und Formen der Stauden wunderbar ab.

KRÄFTIGE FARBEN

Man benötigt nur wenige *Salvia* 'Mainacht', um Farbe in ein Beet zu bringen. Die kräftigen Blüten sind zwischen den zarten Pastelltönen ein Blickfang.

LETZTE HANDGRIFFE

Den modernen Touch erhält das Beet durch die mit Weiß, Gelb und Grün aufgehellte, recht begrenzte Palette aus Kirschrot- und Violetttönen.

❋ **Wiederkehrendes Thema** Ein Grundgerüst aus drei oder vier Pflanzen, zwischen die andere verteilt werden, verleiht dem Beet eine ästhetische Einheit. Ein Wechsel verschiedener Wuchshöhen wirkt hier besser als die traditionelle Höhenabstufung von niedrigen zu hohen Pflanzen.

❋ **Schlichter Hintergrund** Vor der gerade geschnittenen Eibenhecke setzen sich die Blüten hübsch ab. Eine verputzte Wand oder ein farbiger Zaun wirken ebenso gut.

❋ **Gewundener Pfad** Ein breit angelegter Weg gibt den Pflanzen Raum, teilweise überzuhängen, wodurch weiche Ränder entstehen.

MEHR AUSWAHL

LEBENDE SKULPTUREN *Acanthus spinosus*; *Allium hollandicum* 'Purple Sensation', Kardy (*Cynara cardunculus*), *Eryngium alpinum* 'Blue Star'), Taglilie (*Hemerocallis*), *Iris* 'Jane Phillips'

HOCH HINAUS Stockrose (*Alcea rosea* 'Nigra'), Herbstanemone (*Anemone* × *hybrida* 'Honorine Jobert'), *Verbascum* 'Gainsborough', *Perovskia* 'Blue Spire', *Verbena bonariensis*

WIEDERKEHRENDE BLÜTE Storchschnabel (*Geranium* 'Rozanne'), *Geum* 'Lady Stratheden', *Scabiosa caucasica* 'Clive Greaves', *Veronica spicata*

WEICHER KONTRAST *Artemisia absinthium* 'Lambrook Silver', Katzenminze (*Nepeta* × *faassenii*), Oregano (*Origanum vulgare* 'Aureum')

KRÄFTIGE FARBEN Storchschnabel (*Geranium* 'Dragon Heart'), *Lychnis coronaria* Atrosanguinea-Gruppe, *Salvia verticillata* 'Purple Rain', *Achillea* 'Moonshine'

Farbe im Nu

Nutzen Sie blühende und buntlaubige Pflanzen in Ihrem Garten wie Requisiten auf einer Bühne und im Handumdrehen entstehen farbliche Akzente. Skulpturale Pflanzen, wie Blumenrohr oder Rote Zierbanane (*Ensete ventricosum* 'Maurelii', rechts), können den Sommer über draußen stehen und die Beetpflanzen verdecken ihren Kübel. Schwarze Kunststoffkübel sind im Beet praktisch unsichtbar und eignen sich für Highlights, wie etwa Lilien.

VERSENKEN

Empfindliche Stauden und Zwiebeln, die frostfrei überwintert werden müssen, eignen sich ideal zum »Versenken«. Nachdem Pflanzen unter Schutz herangezogen wurden – normalerweise etwa zwei oder drei Wochen lang – und sich langsam akklimatisieren konnten, gräbt man einfach ein Loch und versenkt sie samt ihrem Topf im Boden und gräbt sie im Herbst wieder aus. Es wirkt, als ob sie im Beet wachsen würden, und man erhält sofort Farbtupfer.

DAHLIEN

Setzen Sie Wurzelknollen von Dahlien, wie 'Bishop of Llandaff' (im Bild), im Frühjahr in Töpfe und topfen Sie sie um, wenn sie größer werden. Sobald sie erblühen, können Sie sie in den Töpfen im Beet »versenken«.

HÜBSCHE IDEEN

Empfindliche Zimmer- und Gewächshauspflanzen ergeben eine üppige sommerliche Oase, wenn man sie für die warmen Sommermonate nach draußen stellt. Exotische Rankpflanzen sorgen für Blütenpracht auf Augenhöhe und im Frühjahr bringen Zwiebelpflanzen Farbe ins Beet.

FRÜHLINGS-FARBTUPFER

Im Frühjahr blühende Zwiebelpflanzen kaufen oder die Zwiebeln im Herbst dort einsetzen, wo Sie Farbtupfer wünschen. In Körben für Wasserpflanzen eingesetzt, lassen sie sich später einfach herausheben.

❋ Fritillaria-imperialis-Sorten
❋ Hyacinthus orientalis 'Delft Blue'
❋ Hyacinthus orientalis 'Gypsy Queen'
❋ Narcissus 'Jetfire'
❋ Narcissus 'Juanita'
❋ Tulipa 'Flaming Parrot'
❋ Tulipa 'Orange Emperor'
❋ Tulipa 'Red Riding Hood'
❋ Tulipa 'West Point'

HINREISSENDE KLETTERER

Einige hübsche einjährige Kletterpflanzen, wie diese Prunkwinde, sind eigentlich nicht frostharte Stauden. Rasch überwuchern sie Pflanzstäbe, Obelisken oder Spaliere und sind eine Zierde für jedes große und kleine Beet.

❋ Cobaea scandens
❋ Eccremocarpus scaber
❋ Gloriosa superba 'Rothschildiana'
❋ Ipomoea lobata
❋ Ipomoea purpurea 'Purple Haze'
❋ Rhodochiton atrosánguineus
❋ Thunbergia alata 'African Sunset'
❋ Tropaeolum majus 'Climbing Mixed'
❋ Tropaeolum peregrinum

SOMMERFRISCHE

Bringen Sie Zimmer- und Gewächshauspflanzen ins Freie, sobald die Nächte wärmer werden, um ein exotisches Ambiente zu gestalten. Stellen Sie schwere und unhandliche Kübel auf stabile Pflanzenroller.

❋ Abutilon 'Canary Bird'
❋ Abutilon 'Kentish Belle'
❋ Abutilon megapotamicum
❋ Cordyline australis 'Torbay Dazzler'
❋ Hibiscus rosa-sinensis
❋ Kumquat (Fortunella margarita)
❋ Mandarine (Citrus reticulata)
❋ Plumbago auriculata
❋ Tibouchina urvilleana

Bäume pflanzen

PFLANZZEIT Mitte Frühling bis Herbst

PFLANZEN & MATERIAL

Spaten und Grabgabel

Baum im Kübel (hier Weißdorn, *Crataegus*)

Bambusstab

Pflanzerde mit ein wenig Komposterde versetzt, etwas Stallmist

Baumstütze und flexible Gartenschnur mit Abstandhalter

Fäustel oder Hammer

Rindenmulch

Wer seinem Baum zu einem guten Start verhelfen will, sollte anfangs ein wenig Mühe investieren. Es ist keine schwierige oder langwierige Aufgabe und zahlt sich auf lange Sicht aus. Das Wichtigste sind die Standortbedingungen. Die Wurzeln benötigen genügend Raum, um sich ausbreiten zu können, und der Baum sollte vor Wetter, Schäden durch Tierfraß und anderen Belastungen geschützt werden.

Im Kübel gezogene Bäume sollten zwischen Mitte Sommer und Herbst eingesetzt werden, die preiswerteren wurzelnackten Bäume kann man im Winter pflanzen. Die Vorgehensweise ist wie bei Bäumen aus dem Kübel. Alle Bäume benötigen tiefen Boden mit guter Dränage und einem unbepflanzten Bereich um den Stamm.

Bäume prägen einen Garten über lange Zeit, benötigen aber

1 Pflanzloch vorbereiten
Den Baum an den gewünschten Platz stellen. Dort ein Loch mit dem dreifachen Durchmesser des Topfs und der anderthalbfachen Tiefe des Wurzelballens graben. Etwas abgelagerten Stallmist hineingeben.

2 Pflanztiefe prüfen
Den Baum so tief einsetzen, wie er im Topf stand. Den Topf ins Loch stellen und die Tiefe mit dem Bambusstab überprüfen. Die Seiten des Lochs mit der Gabel einstechen, um das Wurzelwachstum zu fördern.

3 Baum vorbereiten
Den Baum vorsichtig aus dem Topf lösen. Dazu legt man ihn am besten auf die Seite. Die Wurzeln behutsam etwas lockern, ohne dabei den Wurzelballen zu beschädigen.

Pflege, um gesund zu bleiben. Wie alle neuen Pflanzen müssen junge Bäume regelmäßig gewässert werden, bis sie sich etabliert haben. Zudem benötigen sie Schutz gegen harsche Witterungsbedingungen. Baumstützen verhindern, dass sie vom Wind umgeweht oder abgeknickt werden, und einige frostempfindliche Arten müssen mit Vlies vor Frost geschützt werden. Je nach Standort muss die junge Rinde auch vor Wildfraß – wie etwa durch Kaninchen – geschützt werden.

UND ZUSÄTZLICH ...

✳ **Gut wässern** Den Baum im Kübel eine Stunde vor dem Pflanzen in einen Eimer Wasser stellen und nach dem Einsetzen erneut gut wässern. Regelmäßiges Wässern ist auch wichtig, während der Baum sich etabliert – besonders bei heißem Wetter.

✳ **Den Stamm schützen** Wer tierischen Besuch im Garten hat, wie etwa Kaninchen, sollte die junge Rinde mit einer dicken Schicht Drahtgeflecht, Kunststoffmanschetten oder Baumspiralen schützen.

✳ **Stützen prüfen** Die Baumstütze muss fest im Boden verankert sein und darf sich bei starkem Wind nicht lockern. Lockere Stützen mit dem Hammer wieder fest in den Boden treiben. Nach zwei bis drei Jahren sollte der Baum sich so gut etabliert haben, dass die Stütze entfernt werden kann.

4 Einsetzen
Den Baum mit seiner schönsten Seite nach vorne in das Pflanzloch setzen. Das Loch mit der ausgehobenen Erde und Pflanzerde auffüllen. Die Erde sanft festdrücken, damit der Baum gerade steht.

5 Abstützen
Ein Rundholz dient dem Baum als Stütze gegen den Wind. Die Stütze im 45°-Winkel in den Boden treiben und dann mit der Schnur an den Baum binden. Gut wässern und mit Rindenhäcksel mulchen.

Herbstbeet

Besonders beliebt sind Beete, die das ganze Jahr hindurch gut aussehen, aber zu einer bestimmten Jahreszeit ihren Höhepunkt erreichen. Mit der richtigen Pflanzenkombination kann ein Beet seine volle Pracht entfalten, wenn der Sommer geht und der Winter naht. Legen Sie Herbstbeete so an, dass Sie ihren Anblick vom Haus aus genießen können.

 SCHICKE OPTIK

Die hier gezeigte Pflanzenauswahl ergibt nach gründlicher Vorbereitung des Bodens (S. 8–9) ein wunderbares Herbstbeet. Setzen Sie in die hintere Reihe ein Pfeifengras (*Molinia caerulea* subsp. *arundinacea*) und davor und daneben in flacher V-Form drei bis fünf *Sedum* 'Herbstfreude'. Auf einer Seite des »V« setzen Sie vorne ins Beet fünf *Erica × darleyensis* 'Kramers's Rote' und auf die andere Seite ein bis drei hübsche Exemplare *Pennisetum orientale*.

GOLDENE FONTÄNE
Es gibt verschiedene attraktive Sorten Pfeifengras. Die hier gezeigte Sorte (*Molinia caerulea* subsp. *arundinacea* 'Zuneigung') leuchtet herrlich golden in der tief stehenden Herbstsonne.

SPÄTE BLÜTE
Der Schmetterlingsmagnet *Sedum* 'Herbstfreude' trägt im Sommer apfelgrüne Knospen, die sich langsam dunkelrosa färben, bis sie tief mahagonirot erblühen.

SANFTE BERÜHRUNG
Das flauschige Federborstengras (*Pennisetum orientale*) ist so verlockend, man muss es einfach berühren. Pflanzen Sie es vorne ins Beet oder über den Weg hängend.

FARBTEPPICH
Erica × darleyensis 'Darley Dale' blüht von Winter bis Frühling und toleriert Kalk. 'Kramer's Rote' setzt im Herbst Knospen an und blüht im frühen Winter.

LETZTE HANDGRIFFE

Eine Lage Rindenmulch nach dem Pflanzen hält den Unkrautwuchs in Schach. Mit den folgenden Tipps wird Ihr Herbstbeet pflegeleicht.

❊ **Frühjahrsputz** Sobald im Frühjahr neue Blätter austreiben, die Horste auf etwa 7,5 cm Höhe stutzen. Die Wurzeln von *Pennisetum* mit trockenem Rindenmulch schützen.

❊ **Heide schneiden** Nach der Blüte im Frühjahr alte Blütentriebe abschneiden und stutzen. So bleiben die Pflanzen kompakt.

❊ **Fetthenne kürzen** Die Horste alle paar Jahre im Frühjahr heben und teilen und alte Teile entfernen, um die Pflanzen jung zu halten. Das verhindert umfallende Stängel.

❊ **Hintergrund** Einen attraktiven Hintergrund bilden Sträucher mit orangeroter Rinde an den Zweigen, wie etwa *Cornus sanguinea* 'Midwinter Fire'.

MEHR AUSWAHL

GOLDENE FONTÄNE *Miscanthus sinensis* 'Kleine Fontäne', *Stipa calamagrostis*, *Stipa gigantea*, Rasenschmiele (*Deschampsia cespitosa* 'Goldgehänge')

SPÄTE BLÜTE *Helenium*-Sorten, Japanische Herbstanemone (*Anemone* × *hybrida*-Sorten), Glattblatt-Aster (*Aster novi-belgii*) und *Aster frikartii* 'Mönch', *Penstemon* 'Blackbird', Perowskie (*Perovskia* 'Blue Spire')

SANFTE BERÜHRUNG *Pennisetum-alopecuroides*-Sorten (unempfindlicher als *Pennisetum orientale*), z. B. 'Cassian's Choice' und 'Hameln', *Stipa tenuissima*

FARBTEPPICH Herbstblühende Heide und Besenheide, wie z. B. *Calluna vulgaris* und *Erica-cinerea*-Sorten (beide benötigen sauren Boden), Hornnarbe (*Ceratostigma plumbaginoides*)

Winterbeet

Unterschiedliche Formen und Strukturen sind wichtige Bausteine eines interessanten Winterbeets. Bei der hier gezeigten Auswahl spielt das Blattwerk die Hauptrolle. Die runden Formen der Bergenienblätter kontrastieren schön mit den langen Trieben des Hartriegels (*Cornus*). Wer genügend Platz hat, kann mit Gruppen einer Pflanzenart wunderbare Effekte erzielen.

 ## SCHICKE OPTIK

Diese Pflanzung benötigt gut durchlässigen, aber wasserbindenden Boden in der Sonne. Die Nieswurzblätter bilden einen schönen Kontrast zu den roten Zweigen des Hartriegels (*Cornus*). Hat dieser Laub getrieben, gedeiht die Nieswurz weiter in seinem Halbschatten. Pflanzen Sie drei Hartriegel in lockerer Gruppe hinter fünf Nieswurze (*Helleborus foetidus*). Setzen Sie daneben auf einer Seite drei bis fünf Bergenien und auf der anderen Seite fünf bis sieben Heiden.

WINTERHARTE BLÜTEN
Die wetterbeständige Heide *Erica × darleyensis* 'Arthur Johnson' blüht vom frühen Winter bis ins Frühjahr hinein. Ihre nach Honig duftenden Blüten locken erste Insekten an.

IMMERGRÜNER GLANZ
Die im Frühjahr blühende *Bergenia* 'Bressingham Ruby' hat glänzende immergrüne Blätter, die sich bei sinkenden Temperaturen später tiefrot bis rotbraun färben.

LEUCHTENDE ZWEIGE
Die intensiv roten Triebe dieses Hartriegels (*Cornus alba* 'Sibirica') leuchten in der fahlen Wintersonne. Sie können aber auch Sorten mit weißen oder gelben Zweigen wählen.

PFLANZENSKULPTUR
Im späten Frühjahr trägt die Nieswurz mit ihrem dunkelgrünen, palmenähnlichen Blattwerk zusätzlich apfelgrüne Blüten mit rotbraunem Rand.

LETZTE HANDGRIFFE

Sobald Sträucher, Stauden und Zwiebelpflanzen nach Wunsch gepflanzt sind, sollte das Beet gründlich gewässert und mit dekorativem Rindenhäcksel gemulcht werden.

❋ **Bunte Flecken** Pflanzen Sie kleine, früh blühende Narzissen, wie 'Tête-à-Tête' und Alpenveilchen-Narzissen wie 'February Gold', die im Frühjahr aufblühen.

❋ **Strahlender Hintergrund** Die Kombination aus roten Zweigen und grünen Blättern hebt sich vor einem golden panaschierten Strauch wie der Ölweide *Elaeagnus pungens* 'Maculata' oder *Elaeagnus × ebbingei* 'Limelight' hübsch ab.

❋ **Schnitt für Farbe** Um die intensiv roten Triebe zu bekommen, muss der Hartriegel (*Cornus*) jedes Jahr im zeitigen Frühjahr hart zurückgeschnitten werden, bevor die neuen Blätter sich entfalten (S. 182–183). Dies regt neuen Wuchs an.

MEHR AUSWAHL

WINTERHARTE BLÜTEN Schneeheide (*Erica carnea* 'Springwood White' und *E. × darleyensis*)

IMMERGRÜNER GLANZ *Bergenia cordifolia* 'Purpurea', *Bergenia purpurascens*, *Leucothoe* 'Scarletta', *Pachysandra terminalis* 'Green Carpet', *Skimmia japonica* 'Rubella'

LEUCHTENDE ZWEIGE Hartriegel mit farbigen Zweigen (*Cornus sanguinea* 'Midwinter Fire', 'Winter Beauty' und der gelbrindige *Cornus sericea* 'Flaviramea'), weißtriebige Brombeeren (*Rubus cockburnianus*, *Rubus thibetanus*)

PFLANZENSKULPTUR Christrose (*Helleborus niger*), Korsische Nieswurz (*Helleborus argutifolius*), Stinkende Nieswurz (*Helleborus foetidus* Wester-Flisk-Gruppe), *Helleborus × hybridus*-Sorten

Pflanzen für Schatten

Arrangements für Beete mit wenig direkter Sonne sind meist in gedeckten Farben gehalten – bestimmt von Weiß und Pastelltönen. Die hier beschriebene Auswahl mit ihren leuchtenden Blüten und Blättern erinnert eher an Sonnenbeete, die ausgesuchten Sorten gedeihen aber auf feuchtem Boden in lichtem oder Halbschatten.

⏱ SCHICKE OPTIK

Die Erde wird zunächst mit abgelagertem Stallmist oder Komposterde aus dem eigenen Garten aufbereitet (S. 8–9). Dann positionieren Sie den Japanischen Ahorn hinten im Beet. Rechts davon setzen Sie mit etwas Abstand die Buchsbaumkugel, und die mehrfarbige Funkie platzieren Sie auf der linken Seite des Ahorns. Zwischen den Ahorn und den Buchs pflanzen Sie fünf orangefarbene *Geum* und entlang der Beetkante drei *Heuchera*.

BLÄTTER-FLAIR
Die hübsch geformten und häufig gerundeten Blätter der orangeblättrigen *Heuchera-* und × *Heucherella*-Sorten schenken gerade Schattenbeeten einen Hauch frischer Farbe.

LUFTIGE HÖHE
Japanischer Ahorn, wie dieser *Acer palmatum* 'Sango-kaku' gibt mit seinen roten Winterstämmen und gelbgrünen Blättern einen hohen Blickfang, aber wenig Schatten.

BLÜTENTAUMEL
Geum trägt ab dem Frühsommer über Wochen Blüten, solange die Erde feucht und fruchtbar bleibt. Das Ausputzen alter Blüten regt die Bildung neuer Blüten an.

LETZTE HANDGRIFFE

Die Sträucher und Stauden nach dem Einsetzen gründlich wässern. Ein leichter Boden bindet die Feuchtigkeit besser, wenn er mit reifer Komposterde aufbereitet wird. Das ist bei einem Beet im Regenschatten einer Mauer wichtig.

❀ **Dunkler Kontrast** Die hellen Farben dieser Pflanzen treten durch den Kontrast mit bronzefarbenen Blättern einer *Euphorbia amygdaloides* 'Purpurea' und den noch dunkleren Blättern der *Actaea simplex* Atropurpurea-Gruppe noch deutlicher hervor.

❀ **Lichtreflexe** Pflanzen mit zarten Formen und Strukturen setzen sich vor einer blassen Wand oder einem hellen Zaun ab.

❀ **Farn-Füllung** Lücken im Beet lassen sich mit schattentoleranten Farnen gut auffüllen. Der Rotschleier-Wurmfarn (*Drypoteris erythrosora*) mit seinem farbigen neuen Wuchs würde dieses Beet hervorragend ergänzen.

MEHR AUSWAHL

BLÄTTER-FLAIR *Acorus gramineus* 'Ogon', *Carex oshimensis* 'Evergold', *Heuchera* 'Key Lime Pie', 'Marmalade', *Heucherella* 'Sweet Tea'

LUFTIGE HÖHE *Acer-palmatum*-Sorten, *Calamagrostis brachytricha*, *Deschampsia cespitosa* 'Bronzeschleier', *Molinia caerulea* subsp. *arundinacea* 'Transparent'

BLÜTENTAUMEL *Doronicum × excelsum* 'Harpur Crewe', *Trollius* 'Golden Queen', Kambrischer Scheinmohn (*Meconopsis cambrica*)

STARKES LAUB *Brunnera macrophylla* 'Jack Frost', *Bergenia*-Sorten, *Hosta* 'Sum and Substance', *Rodgersia podophylla*

ELEGANZ Gold-Eibe (*Taxus baccata* Aurea-Gruppe), Stechpalme (*Ilex crenata*), panaschierter Buchsbaum (*Buxus sempervirens* 'Elegantissima')

STARKES LAUB
Eine einzige *Hosta* mit ihren kräftigen Blättern, wie diese gelbliche Sorte 'Frances Williams', wirkt besonders prägnant, wenn sie von zarten Blüten und feinem Blattwerk umgeben ist.

ELEGANZ
Buchsbaum (*Buxus sempervirens*) ist eine praktische Schattenpflanze, die sich leicht zu Formen wie Kugeln oder Kegeln schneiden lässt (S. 80–81) und sehr elegant wirkt.

Magere Böden

Steiniger Boden ist ein Segen für Wildgarten-Liebhaber. Nährstoffe werden schnell aus der Wurzelzone nahe der Erdoberfläche ausgespült. Wuchernde Gräser fassen daher schlechter Fuß, aber Wildblumen lieben es. Statt mühevoll den Boden aufzubereiten, greift man am besten zu Pflanzen, die auf mageren Böden gut gedeihen.

🕐 SCHICKE OPTIK

Teilen Sie das Beet mit einem Kiesweg. Pflanzen Sie ein Graues Heiligenkraut rechts davon, zwei links. Setzen Sie zwölf dunkelblaue Schopf-Salbei hinter die beiden Heiligenkräuter und verteilen Sie beiderseits des Wegs eine, drei oder fünf Garten-Ringelblumen (*Calendula officinalis*) und rechts eine Gruppe Stiefmütterchen. Säen Sie in Frühjahr und Herbst Klatsch-Mohn in die Lücken im Beet oder pflanzen Sie Island-Mohn (*Papaver nudicaule*) ein.

BUNTE BLÄTTER

Schopf-Salbei (*Salvia horminum*, Syn. *S. viridis*) trägt violettblaue, rosa oder weiße Hochblätter. Man kann ihn gemischt oder einfarbig als Samen säen oder fertige Pflanzen einsetzen.

STEINSTRÄUCHER

Graues Heiligenkraut (*Santolina chamaecyparissus*) ist ein dürretoleranter immergrüner Strauch mit silbrigen Blättern, der häufig in Kräuter- und mediterranen Gärten wächst.

UNKOMPLIZIERT

Robuste Einjährige, wie die Garten-Ringelblume (*Calendula officinalis*), können direkt in den Boden gesät werden. Sie brauchen keinen nahrhaften Boden und säen sich selbst aus.

LETZTE HANDGRIFFE

Nach dem Wässern verwandeln ein paar Handgriffe das Beet in eine Bergwiese. Bienen und Schmetterlinge werden nicht lange auf sich warten lassen!

❋ **Schotter** Auf sandigem Boden mit wenigen Steinen sorgt Mulch aus Schotter für den echten alpinen Look und eine Umgebung, in der die Pflanzen sich gut selbst aussäen können.

❋ **Steine** Eine Beeteinfassung aus Steinen und ein paar Trittsteine erleichtern die Gartenarbeit. Besonders natürlich wirken einige versenkte runde oder flache Flusskiesel.

❋ **Bodendecker** Kriechende Alpinpflanzen, wie Fetthenne (*Sedum*), Hauswurz (*Sempervivum*) und kriechender Thymian, bilden zwischen den Steinen einen schönen Pflanzenteppich.

❋ **Balance** Einjährige Gräser und andere unerwünschte Sämlinge müssen gejätet werden, um ein ausgewogenes Bild zu erhalten, und damit andere Pflanzen nicht verdrängt werden.

MEHR AUSWAHL

BUNTE BLÄTTER Blau-Schwingel (*Festuca glauca*), Garten-Melde (*Atriplex hortensis* var. *rubra*), Strandkohl (*Crambe maritima*)

STEINSTRÄUCHER Kriechender Rosmarin (*Rosmarinus officinalis* Prostratus-Gruppe), Italienische Immortelle (*Helichrysum italicum*), Lavendel (*Lavandula angustifolia*)

UNKOMPLIZIERT Schlafmützchen (*Eschscholzia californica*), Schwarzkümmel (*Nigella*), Strand-Silberkraut (*Lobularia maritima*)

AUS DEM KRÄUTERGARTEN Fenchel (*Foeniculum vulgare* 'Purpureum'), Schnittlauch (*Allium schoenoprasum*), Borretsch (*Borago officinalis*)

HÜBSCHES UNKRAUT Habichtskraut (*Pilosella aurantiaca*), Nachtkerze (*Oenothera biennis*)

AUS DEM KRÄUTERGARTEN
Das Gewöhnliche Wilde Stiefmütterchen (*Viola tricolor*) ist eine traditionelle Einjährige oder kurzlebige Staude aus dem Kräutergarten, die sich selbst aussät. Sie lockt Bienen an.

HÜBSCHES UNKRAUT
Klatsch-Mohn kommt wie andere Feldblumen nur wieder, wenn der Boden bearbeitet wird. Den Boden daher im Frühjahr stellenweise umgraben.

Hochbeet-Ideen

Erhöhte Beete haben mehrere Vorteile. So kann man auch bei staunassem Boden eine große Vielfalt von Pflanzen ziehen, auch solche, die eine gute Dränage benötigen, wie Alpinpflanzen und Kräuter. Man kann eine ebene Fläche mit einer Pflanzung auf mehreren Ebenen aufwerten. Man erspart sich viel Bückarbeit und gewinnt sogar Sitzplätze im Garten.

◔ HÜBSCH UND ESSBAR

Hochbeete eignen sich ideal für Kräuter, die eine gute Dränage brauchen. Dieses moderne Arrangement besteht aus Gruppen von Gemüsen, Kräutern und essbaren Blüten, wie Schnittlauch, Mangold, Blut-Sauerampfer (*Rumex sanguineus* var. *sanguineus*) und Oregano, eingefasst in schwarz blühende Veilchen.

KRÄUTERGARTEN
Zunächst kommt eine Schuttschicht in den Boden des Beets, gefolgt von sandiger, lehmhaltiger Gartenerde. Dann folgen kontrastierende Gruppen von Blumen und Kräutern.

◔ REIFEN-RECYCLING

In einem modernen Umfeld können aufeinandergestapelte Reifen zu einer schicken Pflanzskulptur werden. Stapeln Sie Reifen gleichen Durchmessers aufeinander und setzen Sie einen Plastikkübel oder einen Müllsack mit Dränagelöchern ein. Geben Sie eine gute Schicht Kies oder Tonscherben (S. 8–9) hinein und füllen Sie mit Erde und Pflanzen auf.

HÜBSCHE IDEEN

Es gibt mehr als einen Weg, Hochbeete zu bauen und zu verzieren. Das hängt ganz vom Stil Ihres Gartens ab. Hochbeete aus massiven Holzbohlen, Ziegeln oder Porenbeton mit bequemen Holz- oder Steinauflagen dienen gleichzeitig als Sitzflächen. Neben Pflanzen kann ein Hochbeet aber auch einen Teich oder skulpturale Elemente aufnehmen. Versenkte LED-Lampen bringen die Hochbeetarchitektur auch nachts schön zur Geltung.

KORBPANEELE
Eine preiswerte Beetkonstruktion lässt sich einfach mit attraktiven Weidenpaneelen kaschieren. Schützen Sie das Geflecht mit Bootslack vor Feuchtigkeit und stellen Sie die Paneele auf kleine Klötze.

HOLZSTUFEN
In dieser modernen Interpretation eines traditionellen Gemüsebeets sitzt ein Erd-beerbeet als um 90 Grad gedrehte zweite Ebene auf einem Hochbeet aus kräftigen Holzbohlen.

BEET IM TISCH
Hier können Sie sich durch die Tischdekoration aus essbaren Blüten, Salaten und Kräutern futtern. Der Pflanzkasten ist versenkt, sodass die Pflanzen direkt aus der Tischplatte zu wachsen scheinen.

Schnelles Hochbeet

Diese schicken Pflanztröge sind die perfekte Lösung, wenn man wenig Platz für Beete hat. Es gibt sie in verschiedenen Größen für die unterschiedlichsten Zierpflanzen, Kräuter und Gemüsepflanzen und sie sind in weniger als 30 Minuten zusammengebaut. Sie werden mit einer Innenfolie mit Dränagelöchern und Griffen geliefert, sodass man die Folie auch nach dem Pflanzen noch transportieren kann.

Hier dienen bunte Gartenblumen dazu, eine Kiesfläche mit einigen Farbklecksen aufzuheitern, aber Sie können auch kompakte ausdauernde Stauden wie die gegenüber aufgeführten zu einem dauerhaften Minibeet pflanzen. Mit mehreren Pflanztrögen unterschiedlicher Größe kann man auf jeder glatten Oberfläche, wie z. B. einer Auffahrt, mit wenig Aufwand einen mehrstufigen Garten anlegen.

1 Wände aufstellen
Die Wände des Trogs auseinanderklappen und am vorgesehenen Standort aufstellen. Die Ecken mit den mitgelieferten Verbindungselementen verbinden.

2 Folienbeutel einsetzen
Den mitgelieferten Folienpflanzbeutel nach Herstellerangabe in den Trog einsetzen. Die Pflanzen wässern (S. 8–9) und auf die Seite stellen.

3 Erde einfüllen
Den Beutel mit einer Hand offen halten und etwas Blumenerde einfüllen, damit die Wände aufrecht stehen bleiben. Mehr Erde einfüllen, aber Platz für die Pflanzen lassen.

MEHR AUSWAHL

* ❋ *Agapanthus* 'Peter Pan'
* ❋ **Storchschnabel** (*Geranium sanguineum*)
* ❋ **Günsel** (*Ajuga reptans* 'Burgundy Glow')
* ❋ **Blut-Purpurglöckchen** (*Heuchera sanguinea* 'Snow Storm')
* ❋ **Taglilie** (*Hemerocallis* 'Stella de Oro')
* ❋ *Diascia barberae* 'Ruby Field'
* ❋ **Zwerg-Garten-Margerite** (*Leucanthemum* × *superbum* 'Snow Lady')
* ❋ **Heuchera** (Sorten mit buntem Laub)
* ❋ *Penstemon* 'Evelyn'
* ❋ *Scabiosa columbaria* 'Butterfly Blue'
* ❋ **Nelken** (*Dianthus*-Sorten)
* ❋ **Fackellilie** (*Kniphofia* 'Little Maid')
* ❋ *Rhodanthemum* 'African Eyes'

4 Bepflanzen
Zwei Fleißige Lieschen und dazwischen ein *Osteospermum* an die Rückseite pflanzen. Ein drittes Lieschen in die Mitte und eine Reihe *Osteospermum* davor setzen. Mit Fleißigen Lieschen auffüllen und wässern.

Präriepflanzung

Diese naturalistische Pflanzung aus pflegeleichten Stauden und Gräsern wirkt vor allem im ländlichen Umfeld, wo sie eine visuelle Brücke zur umliegenden Landschaft schlägt. Aber auch in modernen Gärten hat sie ausgesprochen viel Charme, wo wogende Gräser und zwanglose Blumengruppen mit den klaren Linien von Gebäuden, Terrassen und Wegen kontrastieren.

◕ SCHICKE OPTIK

Bereiten Sie den Boden gründlich vor und stellen Sie vorgewässerte Töpfe im auf den Etiketten empfohlenen Abstand zueinander auf. Beginnen Sie mit einer lockeren Gruppe aus drei gleichen *Helenium*, und arrangieren Sie dann sieben *Achillea* in abgestimmten Tönen von hellbraun bis tiefrot in einem Bogen auf. Pflanzen Sie dazwischen eine Fläche aus sieben *Stipa*, durchsetzt mit drei *Allium sphaerocephalon*.

KOPF HOCH
Sommerblühende Zwiebelpflanzen, wie der Zierlauch, recken sich zwischen den Gräsern zum Blühen empor und hinterlassen am Ende äußerst dekorative Fruchtstände.

SONNIGES GRÜN
Korbblütler, wie *Helenium*, werden schön durch Gräser ergänzt. Schneiden Sie höhere Sorten zurück, um sie nicht stützen zu müssen (gegenüber).

SCHMETTERLINGSFREUNDE
Bunte *Achillea*-Sorten sind perfekte Landeplätze für Schmetterlinge, die an den winzigen Blüten saugen. Auch Margeriten und andere von der Liste gegenüber locken Insekten an.

WOGENDES GRAS
Pflanzen Sie die sich selbst aussäende *Stipa tenuissima* großzügig zwischen den mehrjährigen Blumen, um ein naturalistisches Bild zu schaffen.

LETZTE HANDGRIFFE

Wässern Sie nach dem Pflanzen und Angießen bei Trockenheit regelmäßig. Das sorgt für ein widerstandsfähigeres Wurzelsystem.

❊ **Pflanzenschnitt** Schneiden Sie Sommerstauden im späten Frühjahr um die Hälfte zurück. Sie werden so buschiger und kräftiger und blühen reicher.

❊ **Späte Schönheit** Lassen Sie Blütenköpfe zwischen den trockenen Gräsern eintrocknen.

MEHR AUSWAHL

KOPF HOCH Gladiole (*Gladiolus communis* subsp. *byzantinus*), Zierlauch (*Allium hollandicum*), Prärielilie (*Camassia quamash*), Darwin-Hybrid-Tulpen (*Tulipa* Darwin-Gruppe)

SONNIGES GRÜN Sonnenhut (*Rudbeckia fulgida*), Frikarts Aster (*Aster × frikartii*), Sonnenblume (*Helianthus* 'Lemon Queen'), Roter Scheinsonnenhut (*Echinacea purpurea*), Mädchenauge (*Coreopsis verticillata* 'Grandiflora' und *Coreopsis lanceolata*)

SCHMETTERLINGSFREUNDE Späte Indianernessel (*Monarda fistulosa*), Knollige Seidenpflanze (*Asclepias tuberosa*), Kugeldistel (*Echinops ritro*), Purpur-Wasserdost (*Eupatorium purpureum*), Ährige Prachtscharte (*Liatris spicata*), Gelenkblume (*Physostegia virginiana*), Verbene (*Verbena bonariensis*)

WOGENDES GRAS Silber-Chinaschilf (*Miscanthus sinensis* 'Ferner Osten'), Japanisches Federborstengras (*Pennisetum alopecuroides* 'Hameln'), Gartensandrohr (*Calamagrostis × acutiflora* 'Karl Foerster'), Riesen-Federgras (*Stipa gigantea*), Fasanenschwanzgras (*Anemanthele lessoniana*), Ruten-Hirse (*Panicum virgatum*)

Cottage-Charme

Der Schlüssel zu einem schönen Cottage-Garten ist eine entspannte Herangehensweise. Pflanzen Sie eine Mischung aus Rittersporn, Stockrosen, Geranien, Kapuzinerkresse, Ringelblumen und Duft-Wicken und mischen Sie Essbares, wie Kräuter, Obst und dekoratives Gemüse, darunter. Setzen Sie weiche Pflanzen, wie *Verbena bonariensis* und Fenchel, in Kontrast zu kräftigen Rosen und Margeriten (*Leucanthemum*). Sich selbst aussäende Pflanzen tragen zur Gesamtwirkung bei.

◔ SCHICKE OPTIK

Füllen Sie Lücken in einem bestehenden Beet mit einigen der hier vorgestellten Pflanzen auf. Setzen Sie eine Strauchrose hinten in ein neues Beet und daneben drei Rittersporne in lockerer Gruppe. Davor kommen Lavendel, eine mittelhohe Garten-Margerite und an den Rand drei bis fünf Glockenblumen.

FEINER DUFT

Manche Kräuter, wie Lavendel, duften berauschend. Sie bevorzugen volle Sonne und durchlässige Erde. Schneiden Sie sie nach der Blüte zurück. Abends duften Geißblatt und Nachtviole (*Hesperis matronalis*).

HOCH HINAUS

Fenchel (*Foeniculum vulgare*) lockt mit seinen hohen Stängeln mit den flachen goldenen Blüten Schwebfliegen an. Er ist der perfekte duftige Hintergrund für die kräftigen Blüten von Rosen, Dahlien, Iris und Pfingstrosen.

SONNENBLÜTEN

Schlichte Blumen tragen zum entspannten Flair des Cottage-Gartens bei. Je nach vorhandenem Platz können Sie zwischen höheren oder kompakteren Formen der Garten-Margerite (*Leucanthemum × superbum*) wählen.

LETZTE HANDGRIFFE

Rustikale Elemente tragen zum Cottage-Look ebenso bei wie recyceltes Mobiliar. Oberflächen dürfen ruhig eine sanfte Patina zeigen.

❋ **Möbel** Stellen Sie bunt gemischte Küchenstühle um einen Kieferntisch auf oder suchen Sie nach gusseisernen Gartenmöbeln oder vielleicht auch einem Gartenbank-Ensemble.

❋ **Boden** Kies oder Schiefersplitt sind preiswert und einfach auszubringen. Mit der Zeit siedeln sich hübsche Unkräuter im Kies an. Etwas formeller wirkt es, wenn Sie Beete mit druckimprägnierten Holzbohlen einfassen oder die Wege mit Ziegeln pflastern.

❋ **Kübel** Zweckentfremden Sie Kaminröhren und alte Kochtöpfe als rustikale Pflanzkübel oder verwenden Sie einfache Terrakottatöpfe und halbierte Holzfässer.

❋ **Dekoration** Cottage-Gärten sind oft ein Paradies für Tiere. Stellen Sie deshalb ein Vogelbad oder ein Bienenhotel auf. Skulpturen aus Reisig oder rostendem Draht machen sich ebenfalls schön.

MEHR AUSWAHL

FEINER DUFT Gewöhnliche Nachtviole (*Hesperis matronalis*), Jasmin (*Jasminum officinale*), Duft-Wicke (*Lathyrus odoratus*), Bart-Nelke (*Dianthus barbatus*)

HOCH HINAUS Delphinium, Fingerhut (*Digitalis*), Stockrose (*Alcea rosea*), Eisenhut (*Aconitum*), Königskerze (*Verbascum*), Penstemon

SONNENBLÜTEN Aster, Garten-Ringelblume (*Calendula officinalis*), Bunte Margerite (*Tanacetum coccineum*)

BIENENFREUNDE Storchschnabel (*Geranium*), Geum, Knautia, Verbena bonariensis

ROSENROMANTIK *Rosa* 'Albertine' (Rambler-Rose), *Rosa* 'Dublin Bay' (moderne Kletterrose), *Rosa* 'Jayne Austin' (Englische Rose)

BIENENFREUNDE

Um Obst und Gemüse bestäuben zu lassen, pflanzt man im Cottage-Garten z. B. *Campanula persicifolia*, die viele Bienen und Hummeln anlockt. Sie gedeiht in Sonne und Schatten und sät sich bereitwillig selbst aus.

ROSENROMANTIK

Duftende Strauchrosen sind ein Muss. Sehr gut sind Sorten mit altmodischem Look und guter Resistenz gegen Krankheiten. Bieten Sie ihnen wasserbindenden Boden mit einem Langzeit-Rosendünger.

Kletterpflanzensäule

PFLANZEN & MATERIAL

Großer Kübel mit Dränagelöchern

Eine Schicht Dränagematerial (S. 8–9)

Drei einjährige Kletterpflanzen (hier *Rhodo-chiton atrosanguineus*) oder ausdauernde, aber nicht winterharte Kletterpflanzen

Blumenerde

Langzeitdünger

Rustikale Pflanzstäbe, Gartenbast und Gartenschere

Kleine runde Kiesel

Einjährige blühende Kletterpflanzen stehen ab dem späten Frühjahr in Gartencentern neben Garten- und Terrassenblumen bereit. An einem Dreibein aus Metall- oder Bambusstäben bringen sie Höhe ins Beet. Viele einjährige Kletterpflanzen haben auch bunte, exotische Blüten, die für tropisches Flair sorgen.

Sie können viele dieser Pflanzen recht einfach selbst aus Samen ziehen, die Sie im zeitigen Frühjahr in einem hohen Topf auf der warmen Fensterbank einsäen. Wenn Ihnen die Zeit dazu fehlt, können Sie aber auch bereits abgehärtete, also an Außentemperaturen gewöhnte, Pflanzen kaufen.

Am schönsten gedeihen Ihre Pflanzen an einem sonnigen, vor Störungen durch Menschen und Wind geschützten Standort.

1 Vorbereitung
Eine Lage Dränagematerial in den Kübel geben. Mit Erde bedecken, sodass der Wurzelballen später wenige Zentimeter unterhalb des Kübelrands sitzt.

2 Einpflanzen
Etwas Langzeitdünger unter die verbleibende Erde mischen. Die drei Pflanzen in den Kübel setzen und mit Erde auffüllen. Leicht andrücken und gut wässern.

3 Stützen austauschen
Drei Stäbe gleichmäßig um den Kübelrand anordnen. Die gekauften Stäbe vorsichtig entfernen und die Triebe provisorisch locker an die neuen Stäbe binden.

Für einen rustikalen Cottage-Garten-Look binden Sie die Pflanzen mit Bast an dekorativ knorrigen Zweigen (siehe unten) auf, statt mit Blumendraht und gewöhnlichen Bambusstäben. Ein Mulch aus rundgeschliffenen Flusskieseln setzt das rustikale Thema auch am Boden fort.

Duft-Wicken oder kletternde Kapuzinerkresse (Kasten rechts) besitzen einen besonderen Charme und brauchen keinen besonders warmen Sommer, um zu glänzen.

MEHR AUSWAHL

- **Schwarzäugige Susanne** (*Thunbergia alata* 'African Sunset')
- **Kanarien-Kapuzinerkresse** (*Tropaeolum peregrinum*)
- **Schönranke** (*Eccremocarpus scaber*)
- **Glockenrebe** (*Cobaea scandens*)
- **Purpur-Prunkwinde** (*Ipomoea purpurea*)
- **Echte Kapuzinerkresse** (*Tropaeolum majus*, kletternde Sorte)
- **Lappen-Prunkwinde** (*Ipomoea lobata*)
- **Duft-Wicke** (*Lathyrus odoratus*)
- ***Lophospermum scandens***

4 Dreibein bilden
Die oberen Enden der Stäbe mit Bast zusammenbinden und mit einer Doppel-schleife sichern. Die Triebe der Kletterpflan-zen mit Bast sorgfältig anbinden.

5 Stäbe ablängen
Die oberen Enden der Stäbe mit der Schere auf die gleiche Länge einkürzen. Mulchen. Zu lange Triebe zurückschneiden, um eine gleichmäßige Blüte zu erzielen.

Urbaner Schick

Dieser Garten erinnert zwar in mancher Hinsicht an einen traditionellen Cottage-Garten, aber die geometrischen Linien und die architektonischen Elemente sorgen für einen modernen Look. Die zurückhaltende Palette aus Grau-, Violett- und Weißtönen schafft ein ruhiges Ambiente in einem urbanen Umfeld. Elegante Gräser sorgen für Höhe, ohne Raum zu kosten, und die genügsamen Pflanzen benötigen nur wenig Pflege.

◐ SCHICKE OPTIK

Pflanzen Sie am entfernten Ende eines vom Haus weg verlaufenden rechteckigen Beets ein Riesen-Federgras (*Stipa gigantea*). Setzen Sie einen Buchswürfel an eine Seite des Beets direkt dahinter und einen diagonal gegenüber. In den so neu geschaffenen Raum pflanzen Sie drei bis fünf Lavendel (*Lavandula pedunculata* subsp. *pedunculata*). Füllen Sie die verbleibende Fläche nahe der Hauswand mit weiß blühenden Hortensien.

DESIGNERGRAS
Der luftige einzelne Horst im Bild ist das Riesen-Federgras (*Stipa gigantea*). Es besitzt eine immergrüne Basis und luftige Blütenstängel, die sich bis in den Herbst hinein halten.

GRÜNE ARCHITEKTUR
Buchsbaum (*Buxus sempervirens*) sieht das ganze Jahr hindurch gut aus, unterstreicht Blüten und spiegelt in Form geschnitten die Hauskonturen wieder.

BLAUE WOLKE
Dieser Lavendel (*Lavandula pedunculata* subsp. *pedunculata*) ist nicht völlig winterhart, aber pflegeleicht. Er toleriert Trockenheit und produziert zahlreiche fiedrige Blütenstände.

KÜHLES WEISS
Hydrangea Endless Summer® 'The Bride' sorgt mit ihren erst apfelgrünen, dann weißen Blüten für Eleganz. Sie braucht Komposterde im Boden.

LETZTE HANDGRIFFE

Kletter- und Strauchrosen, weiße Strauchmargeriten (*Argyranthemum*) und violette Zwergveronika runden das Bild ab. Bepflanzen Sie die übrigen Beete mit Mauersträuchern, Kletterpflanzen und Einzelpflanzen, umgeben von Blütenpflanzen, wie *Nepeta* und *Verbascum* (im Bild).

❋ **Grautöne** Blaugraue Tür- und Fensterrahmen und dunklere Holzverkleidungen schaffen einen modernen Hintergrund.

❋ **Kieselwände** Drücken Sie kleine Kiesel in den Wandverputz und streichen Sie sie mit einem Richtscheit glatt.

❋ **Einfassungen** Mit Wegen eingefasste Beete sind gut zugänglich und bringen duftende Pflanzen mitten in den Sitz- und Essbereich.

❋ **Klare Linien** Ein klares Muster aus Beeten und Wegen schafft ein modernes Ambiente.

MEHR AUSWAHL

DESIGNERGRAS *Calamagrostis × acutiflora* 'Overdam', *Miscanthus sinensis* 'Gracillimus', 'Kleine Fontäne' und 'Morning Light', *Pennisetum alopecuroides* 'Hameln', *Stipa calamagrostis*

GRÜNE ARCHITEKTUR Lorbeer (*Laurus nobilis*), Ilex (*Ilex aquifolium* 'J.C. van Tol'), Japanische Stechpalme (*Ilex crenata*), *Pittosporum tenuifolium*, Eibe (*Taxus baccata*)

VIOLETTE WOLKE *Allium hollandicum* 'Purple Sensation', *Lavandula × intermedia* 'Grosso', *Nepeta* 'Six Hills Giant', *Salvia × sylvestris*, *Solanum crispum* 'Glasnevin', *Verbena bonariensis*

KÜHLES WEISS *Choisya × dewitteana* 'Aztec Pearl', *Hydrangea-paniculata*-Sorten, *Magnolia grandiflora* 'Exmouth', *Trachelospermum jasminoides*, *Viburnum plicatum* 'Mariesii'

Echte Hingucker

Im eigenen Garten kann man seiner Kreativität freien Lauf lassen, ob mit einfachen Formschnitten, selbst gemachten Skulpturen oder mit Kunsthandwerk. Pfiffige Gestaltungsideen verleihen dem Garten ein besonderes Flair oder verwandeln vorhandene Elemente – beispielsweise einen Rasen – in einen naturnahen Lebensraum. Praktische Dinge, wie etwa die Beleuchtung, lassen sich ebenfalls dekorativ einsetzen.

Außenbeleuchtung

Mit Außenbeleuchtung kann man auch spät abends vom Zimmer oder der Terrasse aus die Aussicht in den Garten genießen. Bodennahe oder versenkte Lampen machen Wege sicher, blenden aber kaum. Andere Lichter werden eher dekorativ eingesetzt und lassen sich jederzeit leicht hinzufügen.

LICHTERKETTEN

LED-Lichterketten für den Außenbereich sind in verschiedenen Längen erhältlich. Neben den einfachen weißen Lichtern gibt es eine große Auswahl unterschiedlicher Schirme und Farben. Der Transformator sollte in der Garage oder dem Schuppen angeschlossen werden. Mit Solarlampen lassen sich Einzelpflanzen beleuchten.

SPALIER-LICHTER
Ist das Kabel lang genug, sodass der Transformator geschützt liegt, kann man Lichterketten in Spaliere und Rankgitter flechten.

LEUCHTENDE PERGOLA
Dekorative Ketten mit Lampions können einen dichten Blatthintergrund oder eine unbepflanzte Pergola beleuchten.

LEUCHTENDE IDEEN

Gartencenter bieten verschiedenste Leuchtsysteme für den Garten an, darunter auch Niedervoltanlagen mit Transformatoren. Setzen Sie eine bunte Mischung verschiedener Systeme ein. Beleuchten Sie Wege und Beete beispielsweise mit Solarlampen und verwenden Sie Solar-Lichterketten in Sträuchern und Bäumen. Lassen Sie die Anlage von einem Elektriker installieren.

MOBILE LICHTER (GANZ LINKS)

Laternen und Windlichter mit buntem Glas sind bei Tag wie bei Nacht hübsch. An gebogenen Gartenstäben aufgehängt können Windlichter die Beetfarben ergänzen.

LAMPIONS (LINKS)

Bunte Papierlampions erzeugen an lauen Sommerabenden Party-Atmosphäre. An Pergolen oder überhängenden Ästen sind sie besonders dekorativ.

WEGBELEUCHTUNG (OBEN)

Stellen Sie Teelichter in halb mit Sand gefüllte Gläser entlang von Wegen oder um die Terrasse auf. Der Sand hält die Kerzen und nimmt die Hitze auf. Terrakottatöpfe wirken sehr hübsch mit großen Kirchenkerzen.

NÄCHTLICHER RAUM (LINKS)

Die Beleuchtung dieser umbauten Terrasse ist praktisch und dekorativ. Das Licht ist nicht grell und so angebracht, dass es nicht blendet, wodurch es sehr einladend wirkt. LED-Strahler sorgen für sanftes Glühen an den Wänden und für weichen Schattenwurf im Blattwerk. Licht an den Stufen bietet Sicherheit, aber Kerzen und Windlichter sorgen für Atmosphäre. Offene Flammen nie unbeaufsichtigt lassen.

Elegante Formschnitte

Wenn Sie glauben, für kompli-
zierte Formschnitte wie diese
Spirale mit Kugel weder das
Können, noch die Zeit zu haben,
können wir Sie beruhigen: Es gibt
solche Formen bereits fertig zu
kaufen. In großen Kübeln sind sie
eine Zierde für jede Terrasse und
ins Beet gepflanzt ergeben sie
einen herrlichen Blickfang.

Aber wie pflegt man solche
Kunstwerke, damit sie auch
dauerhaft gut aussehen? Solange

Sie Ihr Formschnittbäumchen
nicht allzu sehr aus der Form
geraten lassen, ist ein »frischer
Haarschnitt« keine schwierige
Angelegenheit. Buchsbäume
schneidet man am besten
zwischen spätem Frühjahr und
Ende Sommer, um Frostschäden
zu vermeiden, denn die weiter
innen liegenden Triebe sind nicht
so gut abgehärtet wie die äuße-
ren. Nach dem Schnitt sind sie
dann der Witterung ausgesetzt.

1 Die Basis trimmen
Unten beginnen und zunächst neuen
Wuchs zurückschneiden. Dabei der
ursprünglichen Spiralform so nah wie
möglich folgen. Kleine Pflanzen besser
auf einen Tisch oder ein Podest stellen.

2 Die Kugel schneiden
Die Kugel am Kopf zunächst nach
Augenmaß schneiden. Am besten dabei
um die Pflanze herum gehen, so wird der
Schnitt einheitlicher und es ermüdet nicht
so. Alle toten Triebe herausschneiden.

3 Den Schnitt begutachten
Aus einfachem Zaundraht einen Kreis
biegen und die Enden mit einer Zange verdrillen. Mithilfe einer solchen kreisförmigen
Schablone, die man ansetzen kann, lässt
sich die Kugel einfacher schneiden.

UND ZWISCHENDURCH ...

❉ **Ausputzen** Tote Blätter aus der Form herausschütteln und Schnittreste im Hausmüll entsorgen – sie könnten befallen sein.

❉ **Wässern** Buchs benötigt gute Dränage und kühle, feuchte Wurzeln. Kübel regelmäßig (auch nach Regen) wässern. Rote Blattränder sind ein Zeichen für Stress durch Hitze und Trockenheit.

❉ **Kein Trockendünger** Düngergranulat ist zu konzentriert für die flachen Wurzeln des Buchsbaums. Es schädigt sie, wodurch die Blätter versengen. Flüssigdünger ist besser geeignet.

❉ **Licht und Luft** Pflanzen vor Wänden oder Hecken sollten gelegentlich gedreht werden. So wachsen sie gleichmäßiger und trocknen nicht durch Lichtmangel aus. Luftzirkulation beugt Krankheiten vor.

4 Das Werkzeug desinfizieren

Um keine Krankheiten von einer Pflanze auf die andere zu übertragen, die Schere nach jeder Pflanze mit 70%igem Alkohol einsprühen (Profis empfehlen das anschließende Abflämmen der Klingen).

Schnelle Formen aus Efeu

Wenn Sie ein elegantes, formales Element in Ihren Garten bringen möchten, sich aber einen Formschnitt an Buchs oder Eibe nicht zutrauen, sind mit Efeu bewachsene Formen eine tolle Alternative. Hier sind keine besonderen Fertigkeiten nötig und Pflanzen mit langen Trieben ergeben sofort eine Skulptur.

Fertige Buchsbaumformen aus Draht werden mit Stangen in den Boden gesteckt. Traditionelle Formen sind Kegel, Obelisken und Kugeln, heute werden aber auch viele andere Formen, wie Vögel, Fische und andere Tiere im Handel angeboten.

Damit das Ergebnis elegant wirkt, wählen Sie eine einfarbige Pflanze mit kurzen Blattstielen. Bei Rahmen ohne Ummantelung bindet man die Triebe einfach über die Streben. Mit ihren Haftwurzeln halten sich die Pflanzen am Rahmen fest.

1 Den Efeu pflanzen
Den Efeu in einem Eimer mit Wasser gründlich wässern. Eine Lage Dränagematerial in den Kübel geben, mit Blumenerde auffüllen und den Efeu einpflanzen.

2 Den Rahmen einsetzen
Pflanzstäbe und Binder von den Efeutrieben entfernen. Die Triebe trennen und nach außen legen (wie im Bild). Den Rahmen in die Erde drücken.

3 Den Efeu formen
Die Efeutriebe von unten nach oben spiralförmig um den Rahmen winden. Die Triebe entweder mit Pflanzenbindern anbinden oder durch den Rahmen flechten.

UND ZWISCHENDURCH ...

❋ **Dünger auffüllen** Der Langzeitdünger
ist nach sechs Monaten aufgebraucht.
Anschließend flüssigen Stickstoffdünger verwenden, damit die Pflanzen gut wachsen.

❋ **Auszupfen** Zupft man die jungen Triebe
an den Rankenspitzen aus, bildet der Efeu
mehr Seitentriebe und überwuchert den
Rahmen schnell und dicht.

❋ **Auf Schädlinge achten** Im Frühjahr
und Frühsommer bei jungem Wuchs auf
Blattläuse achten und abwischen oder mit
dem Zerstäuber absprühen.

❋ **In Form schneiden** Sobald der Rahmen
ganz bedeckt ist, den Efeu mit der
Garten- oder Astschere in Form schneiden.
Verholzen die Triebe und das Grün wird
dünn, die Pflanzen abschneiden und den
Rahmen neu bepflanzen.

4 Wässern und formen
Gut wässern und vorerst an einen
geschützten, leicht schattigen Ort stellen.
Neue Triebe weiter um den Rahmen legen
und gelegentlich schneiden.

Sträucher in Form bringen

Wenn es im Garten langsam eng wird, sollte man sich überlegen, ob man einige Sträucher entfernt oder radikal schneidet. Lässt man sie gewähren, breiten sich die meisten Gehölze stark aus und werfen zu viel Schatten, wodurch nichts mehr unter ihnen wächst. Wenn Sie aber die unteren Äste kappen und den restlichen Strauch in Form schneiden, können Sie ein unförmiges grünes Gestrüpp in ein elegantes Garten-objekt verwandeln, denn die neu freigelegten Äste wirken häufig sehr dekorativ und fast wie eine moderne Skulptur.

Wer mag, kann die Erde unter dem neu gestalteten Strauch aufbereiten und dort Bodende-cker oder blühende Einjährige, Stauden oder Zwergsträucher pflanzen. Alternativ kann man den Raum aber auch – wie hier – für eine gemütliche Sitzecke oder für Kübelpflanzen nutzen.

1 Den Strauch begutachten
Die endgültige Form bestimmen: Dieser aus der Form geratene Lorbeer hat zwei unterschiedliche Bereiche – die Krone, die etwas höher ansetzen sollte, und viele kleine Äste an der Basis.

2 Größere Äste entfernen
Die Äste hochhalten, um die Wuchs-struktur zu betrachten. Überschüssige Äste mit Astschere oder Astsäge herausnehmen. Die Äste dabei zuerst von unten her einsä-gen, damit sie nicht splittern.

3 Sauber schneiden
Größere Äste fast bündig mit dem Stamm kappen, keine Stümpfe stehen las-sen. Kleinere Zweige mit der Gartenschere entfernen. Die Krone soll später auf ein paar schön gewachsenen Stämmen ruhen.

GEEIGNETE PFLANZEN

❋ **Buchsbaum** (*Buxus sempervirens*)

❋ **Stechpalme** (*Ilex aquifolium* und
Ilex × altaclerensis-Sorten)

❋ **Lorbeerkirsche** (*Prunus laurocerasus*;
P. lusitanica an einer geschützten Stelle)

❋ **Schneeball** (*Viburnum*)

❋ **Immergrüne Magnolie** (*Magnolia
grandiflora*)

❋ **Burkwoods Duftblüte** (*Osmanthus
× burkwoodii*)

❋ **Liguster** (*Ligustrum ovalifolium*)

❋ **Rhododendron** (hohe, großblättrige
Sorten)

❋ **Spalier-Becherkätzchen** (*Garrya elliptica*)
an einer geschützten Stelle

❋ **Eibe** (*Taxus baccata*)

4 Der letzte Schliff

Die Krone ausdünnen und mit Ast- oder
Gartenschere in eine geordnetere Form bringen. Schnittreste zusammenrechen. Unkraut
jäten und den Boden mit Komposterde oder
abgelagertem Stallmist aufbereiten.

Dekorative Wände und Zäune

Die vertikalen Flächen von Hauswänden und Grundstücksgrenzen bieten viele Möglichkeiten zur Gestaltung. Die hier gezeigten Beispiele, vom einfachen Anstrich bis zur optischen Täuschung, sind einfach nachzustellen, haben aber einen großen Einfluss auf das Erscheinungsbild des Gartens.

SPIEGEL

Reflektierende Flächen lassen Außenräume größer wirken. Man kann weiße oder farbige Spiegelklebefolie, polierte Edelstahlplatten oder Glasspiegel (versiegelt, damit die Beschichtung nicht abblättert) nutzen. Große Spiegelflächen sind eine Gefahr für Vögel. Bepflanzen Sie sie mithilfe eines Spaliers oder stellen Sie eine Skulptur davor auf.

SCHNELLE VERDOPPLUNG
Vor einem alten Spiegel an der Wand wird eine halbrunde Pflanzschale im Handumdrehen zu einer ganzen Schale.

TÄUSCHUNG DER SINNE

Lassen Sie Ihren Garten größer wirken, als er ist: Montieren Sie eine alte Tür samt Rahmen an eine Mauer oder einen Zaun, setzen Sie Mauerstauden oder Rankpflanzen um die Tür und flankieren Sie sie mit zwei identischen Kübeln. Ein Fenster mit Spiegel hinter den Läden oder ein gewölbter Spiegel mit Spalieren als Fassade und einer Skulptur im Vordergrund erweitern einen engen Innenhof enorm.

TROMPE-L'ŒIL
Mit zwei schräg laufenden Spalieren, einem Spiegel und einer davor platzierten Bank erreichen Sie diese hübsche optische Täuschung.

DEKORATIVE WÄNDE

Verschönern Sie eine verputzte Wand mit bunter Fassadenfarbe (im Baumarkt oder Fachhandel erhältlich). Säubern Sie die Wand zunächst von Schmutz und Algen, entfernen Sie loses Material mit der Drahtbürste und versiegeln Sie die Wand dann mit verdünntem Leim. Dann streichen Sie mit einer kräftigen Farbe und stellen Pflanzkübel auf. Die übrigen Flächen streichen Sie neutral (z. B. weiß).

FRISCHE FARBIDEEN

Mit Außenfarbe lassen sich Wände und Zäune schnell und preiswert verschönern. Spezielle Farbtöne kann man sich im Fachhandel anmischen lassen. Mit Kontrastfarben lassen sich Beetränder und Nischen betonen. Lassen Sie Ihrer Fantasie bei der Gestaltung des Außenraums freien Lauf.

FARBIG GERAHMT
Mit kräftiger Farbe angestrichen wird aus einer schäbigen alten Beeteinfassung ein farbenfrohes Gartenornament.

ABSTRAKTE KUNST
Ein paar abstrakte Bögen machen aus einer langweiligen Wand einen Blickfang. Zeichnen Sie die Formen zunächst vor.

WARME TÖNE
Geben Sie den exotischen Kübelpflanzen auf der Terrasse mit warmen Orange- oder Rottönen den passenden Hintergrund.

BESONDERE ACCESSOIRES

Die Gartencenter bieten viel dekoratives Zubehör für den Garten, aber man kann seine Wände auch mit Selbstgemachtem schmücken. Brunnen sind zumeist fertige Sets, die man nur anschließen muss.

WANDBRUNNEN
Die Maske hängt über einer Tonne oder einem versteckten Wassertank mit Pumpe, die Anschlüsse sind mit Pflanzen getarnt.

AMPELN
Ein selbst gebautes oder gekauftes Holzgestell an der Wand dient als Aufhängung für eine oder mehrere Blumenampeln.

AUSGESTELLT
Dieses schlichte, aber hübsche Regal ist eine Ausstellung der schönen Farben von *Primula auricula* und bietet den Pflanzen Schatten.

FARBIGE FELDER
Machen Sie selbst Kunst mit knallig bunten Feldern auf einer neutralen Wand. Mit breitem Malerkrepp werden die Kanten sauber.

Ausgefallene Pflanzideen

Diese praktischen Pflanztaschen sind einfach aufzuhängen und mit blühenden Beetpflanzen bepflanzt eine Zierde für jede Wand. Sie stehen nicht so weit von der Wand ab wie Körbe. Daher kann man mit ihnen auch beengtere Bereiche, wie etwa Durchgänge und kleine Innenhöfe, wunderbar begrünen.

Alternativ kann man in ihnen aber auch Salate, Kräuter, wie Basilikum, Petersilie, Koriander oder Oregano, oder auch hängende Tomaten, wie z. B. die Sorte 'Tumbler', anbauen.

Oder Sie füllen die Taschen im Herbst mit kleinen winterharten Zwiebeln, die im Frühling erblühen, wie etwa Krokus, *Anemone blanda*, *Scilla siberica* oder die Alpenveilchen-Narzisse 'Tête-à-Tête'. Sie können die Taschen natürlich auch ausleeren und trocknen lassen, um sie für den Winter einzulagern.

1 An die Wand hängen
Einen geraden Strich als Orientierung an der Wand markieren. Die Tasche straff an die Wand halten und die Ecken mit Nägeln befestigen. Dazwischen weitere Nägel setzen, denn Pflanzen und Erde sind schwer.

2 Die Taschen füllen
Die Taschen teilweise mit feuchter Blumenerde füllen. Genügend Raum für den Wurzelballen der gewünschten Pflanzen lassen. In unserem Beispiel haben wir Petunien verwendet.

3 Pflanzen einsetzen
Die Pflanzen zunächst in einem Eimer Wasser gut wässern. Wenn keine Blasen mehr aufsteigen, ist der Wurzelballen vollgesogen. Die Pflanzen einpflanzen und mit etwas mehr Erde auffüllen.

MEHR AUSWAHL

❅ **Für die Sonne** *Sutera* Copia-Serie; *Sutera cordata* 'Snowflake', *Bidens ferulifolia*, *Lysimachia congestiflora* 'Outback Sunset', Zauberglöckchen (*Calibrachoa*), Nemesia-Sorten, *Scaevola aemula* 'Blue Wonder', Blaues Gänseblümchen (*Brachyscome multifida*), hängende Pelargonie (*Pelargonium*), hängendes Löwenmaul (*Antirrhinum*), *Diascia*-Hybriden, *Verbena* (hängend)

❅ **Für den Schatten** *Begonia sutherlandii*, Fleißiges Lieschen (*Impatiens*), Fuchsie (kompakte hängende Sorten), Veilchen und Stiefmütterchen, Schnappmäulchen (*Torenia*), *Begonia* (Sorten mit faserigen Wurzeln), *Impatiens* New-Guinea-Hybride, Gauklerblume (*Mimulus × hybridus*), *Solenostemon scutellaroides*, panaschierte Minze (*Mentha*), *Primula* Wanda-Hybriden

4 Andrücken und wässern

Die Erde leicht mit den Fingern andrücken. Zwischen dem Taschenrand und der Erde sollte etwas Platz sein, damit das Wasser sich vor dem Einsickern sammeln kann. Das Wasser langsam eingießen.

Besondere Anlässe

Wenn Sie einen besonderen Anlass planen oder Freunde zu einem wirklich schönen Abendessen einladen möchten, können Sie den Tisch mit einfachen Ideen sehr elegant gestalten. Die meisten Dekorationen lassen sich im Voraus vorbereiten, sodass Ihnen genügend Zeit zum Kochen bleibt. Schneiden Sie Blumenschmuck in den kühlen Morgen- oder Abendstunden und stellen Sie ihn bis zum Abend an einen kühlen Ort.

◑ SCHICKE OPTIK

Binden Sie Windlichter und Wimpel an sicher stehende Leitern und bringen Sie Tisch und Stühle darunter in Position. Legen Sie einen Tischläufer über die Decke und platzieren Sie dann die Gedecke. Legen Sie auf jeden Teller eine Serviette im Ring, die mit einem kleinen Sträußchen Kräuter oder Blüten verziert ist. Runden Sie die Dekoration mit Gläsern, Kerzen, kleinen Tischsträußen und einer großen Vase am Fußende ab.

SCHÖNES LICHT
Wenn es dunkel wird, sorgt Kerzenlicht für romantische Beleuchtung. An den Ästen hängende Windlichter aus Glas und Metall beleuchten hier den Tisch.

WEHENDE FAHNEN
Wimpelketten geben eine festliche Note und sind einfach selbst herzustellen. Diese Wimpel wurden aus preiswerten Stoffresten gefertigt und mit Klebstoff an einer Schnur befestigt.

BLUMENSCHMUCK
Eine einfache Milchkanne aus Keramik dient als Vase für den großen weiß-blauen Blumenstrauß und gibt dem Tisch eine ländlich-rustikale Note.

KLEINE TISCHSTRÄUSSE
Bunte Gläser dienen als dekorativer Vasenersatz für die kleinen, identischen Sträußchen frisch gepflückter Blüten aus dem eigenen Garten.

LETZTE HANDGRIFFE

Wenn Sie viel Zeit haben, gibt es noch viele andere Kleinigkeiten, mit denen Sie Ihren Gästen den Abend auf der Terrasse verschönern können.

❋ **Farbthema** In unserem Beispiel ist der gesamte Tisch in Weiß und Grüntönen gehalten, was ihm eine einladende Frische verleiht.

❋ **Stuhlrücken** Binden Sie ein kleines Sträußchen frischer Kräuter, wie Lavendel oder Rosmarin, mit bunten Bändern an die Stuhlrücken.

❋ **Serviettensträußchen** Mit kleinen Blüten kann man auch die Serviettenringe verzieren oder für jedes Gedeck ein Mini-Sträußchen binden.

❋ **Tischläufer** Ein schicker weißer Tischläufer mit Blattmotiv bildet einen hübschen Kontrast zur dunkleren Tischdecke. Sehr dekorativ sind auch lange Efeuranken, die statt des Läufers längs über den Tisch gelegt werden.

MEHR DEKORATIVE IDEEN

SCHÖNES LICHT Kreieren Sie eine leichte Schauer-Atmosphäre mit Efeuranken an den Kerzenständern und einem Tischläufer aus immergrünen Ranken mit einer hineingeflochtenen, kleinen Lichterkette (Kabel verstecken).

WEHENDE FAHNEN Liegt der Tisch unter einer Pergola, können Sie sie mit langen, zum Farbthema passenden Kunststoff- oder Stoffbahnen dekorieren (S. 34–35). Aus demselben Material lassen sich auch Stuhlschleifen fertigen.

BLUMENSCHMUCK Dekorieren Sie jedes Gedeck mit einer Glasschale, in der Rosenblätter oder -blüten in Wasser schwimmen.

TISCHSTRÄUSSCHEN Kombinieren Sie eine Rose mit duftigen kleinen Blüten, wie Frauenmantel (*Alchemilla mollis*), oder mit kleinen Zweigen mit hübschen mehrfarbigen Blättern.

Kieselstrand

PFLANZEN & MATERIAL

1 großer Findling oder Feldstein

Je 1 Beutel mittelgroße und große
Kieselsteine, 1 Beutel kleine Kieselsteine,
2 kleine Beutel Glassplitt oder Glaskiesel
in transparentem Türkis, 1 kleiner Beutel
matte türkisfarbene Glaskiesel oder -splitt

Blumen- oder Gartenerde

Terrakottakübel mit einer Lage Dränagematerial (S. 8–9)

Blauschwingel (*Festuca-glauca*-Sorten) oder
andere Trockenheit tolerierende Küsten-
pflanzen, wie Edeldistel (*Eryngium*)

Findlinge und schöne Kiesel sind eine hübsche Möglichkeit, kiesbedeckte Gartenplätze mit einfachen Mitteln dekorativ zu gestalten. Sie bieten Abwechslung und wenn sie nass sind, zeigen sie leuchtende Farben und Zeichnungen. Damit Ihr Kieselstrand oder Flussufer realistisch wirkt, sollten Sie mindestens zwei Steingrößen ähnlicher Farbe verwenden. Mit türkisfarbenem Splitt oder Kieseln aus Glas oder Acrylglas (aus Gartencenter oder Hobbybedarf) können Sie die Illusion von Wasserflächen erzeugen.

Ein Kieselstrand eignet sich als breite Einfassung eines Holzdecks, wirkt aber auch sehr dekorativ in Ecken oder in runden Bereichen, in denen man Halbmondformen anlegen kann.

In einem schattigen Gartenteil wirkt ein breiter Kiesellauf sehr hübsch zwischen einer Pflanzung aus Funkien und Farnen.

1 Die Steine auslegen
Den Findling etwas seitlich versetzt im Kies einbetten. Größere Kiesel in einer geschwungenen Linie um ihn herum platzieren. Dann kleinere Kiesel wahllos um die Steingruppe herum verteilen.

2 Farbige Kiesel auslegen
Einen Bereich zwischen den größeren Kieseln mit den matten Glaskieseln füllen. Darüber ein paar der durchsichtigen Glaskiesel verteilen, damit es wie ein Wasserlauf wirkt.

3 Das Gras positionieren
Das Gras zunächst wässern (S. 8–9) und dann in einen Kübel pflanzen. Genügend Platz für eine Mulchschicht aus Kies und zum Wässern lassen (S. 8–9). Wässern und den Kübel zwischen die Kiesel setzen.

HÜBSCHE IDEEN

Steigern Sie den Eindruck Ihres Strand- bzw. Küstenthemas mittels Gräsern und Alpinpflanzen mit blauen oder silbernen Blättern, Trockenheit tolerierenden Stauden und Sukkulenten sowie maritimen Accessoires.

SUKKULENTEN UND MUSCHELN

Eine zwischen Steinen und Kieseln eingesetzte Agave, die von Muschelschalen eingerahmt wird, wirkt sehr attraktiv.

MIT TAUEN GESTALTEN

Alte und verwitterte Taue, die aufgewickelt im Kies liegen, erinnern an Strandgut an der Küste.

AHOI, SEEMANN!

Einige Accessoires sind einfach typisch Küste. Ein Rettungsring, ein Fischernetz oder ein alter Anker runden das Bild ab.

Gartenskulpturen

Probieren Sie verschiedene Standorte aus, um herauszufinden, wo Ihre neu erworbene Skulptur am besten wirkt. Ist sie dafür zu schwer, verwenden Sie eine Mülltonne oder Kartons als Platzhalter.

KLEINE OBJEKTE PLATZIEREN

Gerade kleine Objekte sind teils schwer zu platzieren, denn sie wirken schnell verloren und proportional zu klein in ihrer Umgebung. Eine Montage an einer Wand, auf einem Pfosten, in einer Nische oder einem Podest kann da helfen.

IN DEN TOPF

Tierfiguren wirken sehr hübsch, wenn sie im Beet oder Pflanzkübel zwischen dem Laub einer Pflanze hervorlugen.

BODENSCHMUCK

Bei einer Figur neben dem Kübel sorgt ein wenig um sie verstreuter Mulch aus dem Kübel für eine optische Verbindung.

EINGEBUNDEN

Stellen Sie Skulpturen so auf, dass sie sich harmonisch in die Gartenlandschaft einfügen. Eine Möglichkeit ist, die Stücke so zu umpflanzen, dass sie aus dem Boden zu wachsen scheinen. Statt mit einer Figur in der Rasenmitte versuchen Sie es einmal mit einer im Beet versteckten Skulptur oder einem Zierobjekt am Teichufer.

HÜBSCHE IDEEN

Auch ganz schlichte Deko-Objekte werden zu einem wahren Blickfang, wenn man sie geschickt platziert. Vor einem andersfarbigen Hintergrund mit unterschiedlicher Oberflächenstruktur setzt sich ein Objekt positiv ab. Teils wird der Effekt durch ein paar identische Objekte noch verstärkt. Bedenken Sie bei der Wahl des Standorts die Gesamtwirkung Ihres Gartens und wählen Sie markante Punkte.

BLICKFANG

Die sich kreuzenden Blickachsen dieser geometrischen Anlage sind der perfekte Standort für diese klassische Gartenamphore. So leitet die Perspektive das Auge zum Ende von Wegen, Rasen oder Teichen.

WIEDERHOLUNG

Diese in gleichmäßigen Abständen vor einer schlichten Wand aufgestellten Formgehölze wirken fast wie eine Kulisse. Es können auch Metall- oder angestrichene Holzobelisken auf diese Weise aufgestellt werden.

TREIBHOLZ-SKULPTUREN

Verwittertes Treibholz verleiht seiner Umgebung einen verwilderten Touch. Stellen Sie aufrechte Stücke zwischen lichte Gräser, nutzen Sie das Holz als Beetbegrenzung oder als Tritte zwischen Steinen und Kies.

FORMGEHÖLZE

In Form geschnittene Gehölze lassen ein Beet massiver wirken. Paarweise aufgestellt erzeugen sie Durchgänge, umrahmen Eingänge oder betonen einen Richtungs- oder Niveauwechsel.

LEICHT UND LUFTIG

Feinere, filigranere Objekte benötigen einen schlichteren Hintergrund, damit ihre aufwendigen Formen und Details auch sichtbar sind. Gut eignen sich eine schlichte Wand, eine Formhecke oder Kiesel.

SAMMLERECKE

Wenn Sie zu den »Jägern und Sammlern« gehören, können Sie Ihre Lieblingsstücke an markanter Stelle ausstellen. Kleine Stücke wirken am besten, wenn man sie um einen zentralen Blickfang herum arrangiert.

Mini-Seerosenteich

PFLANZEN & MATERIAL

Flacher Keramikkübel ohne Dränagelöcher
oder Kübel mit Stopfen zum Verschließen
der Löcher

3 feinmaschige Pflanzkörbe und Plastiknetz
(optional)

Zwerg-Seerose (*Nymphaea tetragona*),
Zwerg-Rohrkolben (*Typha minima*),
Verschiedenfarbige Schwertlilie
(*Iris versicolor*)

Wasserpflanzensubstrat und feiner Kies

Schaffen Sie sich auf einer sonnigen Terrasse Ihre eigene Oase mit einem Miniteich und attraktiven Zwergpflanzen. Seien Sie aber nicht überrascht, wenn Sie Besuch von Libellen bekommen!

Star der Sammlung ist die Zwerg-Seerose, deren schwimmende runde Blätter das Licht abhalten und so Algen im Zaum halten. Der winzige Zwerg-Rohrkolben und die Iris bilden hier den vertikalen Kontrast. In diesem Fall erhält das schlichte Arrangement durch den geflochtenen Weidenzaun und die Kiesel einen asiatischen Touch.

Verwenden Sie weiches Wasser oder noch besser Regenwasser, um Kalkablagerungen zu verhindern. Kies hält die Erde unter Wasser an Ort und Stelle.

1 Einen Korb vorbereiten

Wasserpflanzensubstrat in einen Pflanzkorb geben. Sind die Maschen zu weit, kann ein zuerst eingelegtes Plastiknetz verhindern, dass die Erde ausgespült wird.

2 Die Seerose pflanzen

Die Zwerg-Seerose so einsetzen, dass noch ausreichend Platz für eine Deckschicht aus Kies bleibt. Die Seiten mit weiterem Substrat auffüllen.

3 Mit Kies abdecken

Das Substrat mit Kies bedecken, dann vorsichtig wässern, damit sich die Erde um die Wurzeln setzt. Die Schritte 2 und 3 für alle Pflanzen wiederholen.

4 Den Kübel füllen

Wasser in den Kübel füllen, sodass noch genügend Platz für die Pflanzkörbe bleibt, ohne zu viel Wasser zu verdrängen und zu verschütten.

5 Die Körbe versenken

Die Körbe langsam ins Wasser setzen. Bei einem tiefen Kübel oder einem halben Fass kann man die Körbe mithilfe von Ziegeln auf die gewünschte Höhe bringen.

MEHR AUSWAHL

- ❋ *Acorus gramineus* 'Ogon'
- ❋ **Korkenzieher-Binse** (*Juncus effusus* fo. *spiralis*)
- ❋ *Houttuynia cordata* 'Chameleon'
- ❋ *Iris versicolor* 'Kermesina'
- ❋ **Wassernabel** (*Hydrocotyle umbellata*)
- ❋ **Zwerg-Schachtelhalm** (*Equisetum scirpoides*)
- ❋ *Nymphaea* 'Pygmaea Helvola'
- ❋ **Brasilianisches Tausendblatt** (*Myriophyllum aquaticum*)
- ❋ **Wassersalat** (*Pistia stratiotes*)
- ❋ **Wasserhyazinthe** (*Eichhornia crassipes*)
- ❋ *Eleocharis acicularis*
- ❋ *Lysimachia nummularia* 'Aurea'
- ❋ Nicht alle Arten sind winterhart. Empfindliche Arten müssen überwintert oder im Frühjahr neu gekauft werden.

Skulptur-Kultur

Sie müssen kein Geld ausgeben, um beeindruckende Skulpturen zu bekommen. Fragen Sie sich, was Ihnen gefällt, und haben Sie keine Scheu vor Experimenten. Der Garten ist die perfekte Galerie für Ihre Kunst. Experimentieren Sie sowohl mit Materialien wie rostendem Eisen als auch mit Naturstoffen.

HÜBSCHE IDEEN: CLEVER ARRANGIERT

Viele Alltagsgegenstände lassen sich durch geschicktes Arrangieren in Skulpturen verwandeln – ein Beispiel wäre ein Kreis aus flachen Steinen, die aufrecht in den Boden gesteckt sind. Durch die Verwendung von Naturmaterialien kann Ihr Kunstwerk transzendent werden. Einige Skulpturen verrotten, aber das ist Teil ihres Charmes. Eine andere Perspektive bieten an Ästen oder Mauern aufgehängte Objekte.

⏲ BESONDERE FORMEN

Diese Form ist in der Natur häufig zu beobachten (z. B. bei Schnecken). Legen Sie weiße Kiesel auf dunklen Kies oder glänzende schwarze Kiesel auf weißen Kies. Sehr schön sind auch glatte Schiefersplitter.

⏲ TERRAKOTTA-MOBILE

Dieses ungewöhnliche Mobile aus handgemachten Töpfen und Schnur kann ganz unterschiedliche Formen annehmen, z. B. mit bunten Perlschnüren. Hängen Sie es an einen Haken, einen Baumast oder eine Pergola.

VERKNÜPFEN
Hängen Sie den obersten Topf aufrecht, die anderen kopfüber. Sichern Sie die Knoten mit Schlauchstücken.

BEPFLANZEN
Geben Sie Erde in den obersten Topf und bepflanzen Sie ihn mit Hauswurz (*Sempervivum*).

HÜBSCHE IDEEN: WEIDENKUNST

Pflanzen Sie einen Vorrat an Kopfweiden, wenn es der Platz erlaubt (der winterliche harte Rückschnitt liefert glatte Ruten), oder kaufen Sie Ruten im Handel, die Sie nach dem Kauf einweichen, damit sie flexibel werden. Die meisten laubabwerfenden Sträucher haben biegsame Triebe, die man ebenfalls nutzen kann.

WEIDENBOGEN

Stecken Sie beiderseits des Wegs eine Reihe langer Ruten in den Boden und verlängern Sie sie mit weiteren Ruten und Schnur nach oben. Flechten Sie dann weitere Ruten dazwischen ein.

ÖKO-KUNST

Achten Sie auf dekorative oder außergewöhnliche Rindenfarbe und -muster. Knorrige Äste sind besonders attraktiv. Graben Sie sie nach Größe und Dicke bunt gemischt senkrecht in den Boden ein. Reihen wirken besonders schön.

TREIBHOLZSÄULE

Bohren Sie mit dem Akkubohrer ein Loch in die Mitte ausgesuchter verwitterter Treibholzstücke. Fädeln Sie sie auf dicken verzinkten Draht und arrangieren Sie sie zu einer Skulptur.

GRÜNE GRENZE

Retten Sie Weinflaschen vor dem Container und verwandeln Sie sie stattdessen in Kunst. Graben Sie eine schmale Furche und setzen Sie die Flaschen kopfüber ein. Heller Kies hebt die Glasfarbe schön hervor.

GRÜNE LAUBE

Soll die Weide austreiben, setzen Sie ruhende Pflanzen. Legen Sie zunächst den Rahmen und die Öffnung an und pflanzen Sie dann weitere Ruten, die Sie zur Verstärkung in den Grundrahmen einflechten.

ORGANISCHE FORMEN

Diese übergroßen Weidenkugeln kann man online kaufen. Sie besitzen eine faszinierende Textur und wirken mit ihren schlichten Formen am Rand einer Wildblumenwiese wie natürlich gewachsen.

Licht in den Schatten

Bei kleinen Gärten ist der Schatten von Gebäuden und großen Bäumen häufig ein Problem, aber mit Schatten liebenden Pflanzen in Hochbeeten und Kübeln, die den Baumwurzeln nicht in die Quere kommen, sowie hell reflektierenden Flächen und dekorativen Elementen kann man sich seine eigene kleine Oase der Ruhe schaffen.

◕ SPIEGELNDE FLÄCHEN

Ein Wasserbecken aus Edelstahl zwischen Farnen verzaubert einen schattigen Garten. Elektrisch sichere Fontänen, wie diese hier, haben ein verborgenes Reservoir und eine Tauchpumpe und werden meist mit einem Netzteil angeschlossen.

◕ HELLE KÜBEL

Weiße Kübel hellen Bereiche ohne Beet auf. Die Kugelform dieses Buchses spiegelt sich in den Steinen daneben wider.

◕ ALTMODISCHER CHARME

Hellen Sie eine dunkle Ecke mit ein paar Requisiten auf. Hier heben sich die feinen Details des gusseisernen Tischs vor dem dunklen Bambus ab. Auch ein einzelner Stuhl würde hier passen. Fügen Sie noch eine antike Gießkanne hinzu und pflanzen Sie eine weiße Rose und eine weiße Schmucklilie in den sonnigen Vordergrund.

HÜBSCHE IDEEN

Dieser moderne Garten (links) zeigt, wie panaschierte Funkien und Efeu, gelbes Chinaschilf und Pflanzen mit glänzendem Laub, wie *Fatsia japonica* oder × *Fatshedera lizei* (beide nicht winterhart), das Licht reflektieren können.

MODERNER MINIMALISMUS

Dieser schattige Garten wird durch den einfachen Holzzaun und die Bank in schlichtem blassgrauem Anstrich erhellt.

ZEN-ABSTRAKTION

Lassen Sie sich durch japanische Gärten inspirieren und schaffen Sie mit Findlingen und Kieseln friedvolle Landschaften. Die weiße Mauer unterstreicht das zarte Ahornlaub.

RAUM IM FREIEN

Kissen in Pastelltönen von Cremeweiß bis Apricot erhellen diesen winzigen Innenhof und korrespondieren gut mit dem Sandsteinboden. Weiße Steine und üppige Kübelpflanzen dienen als Blickfang.

GEISTERHAFTE BÄUME

Die strahlend weiße Borke der Himalaya-Birke *Betula utilis* var. *jacquemontii* funkelt in dieser düsteren Gartenecke. Hier sind die mehrstämmigen Bäume von Schatten liebenden Farnen und Astilben umgeben.

Vom Rasen zur Wiese

Eine große Rasenfläche im Garten muss regelmäßig gemäht werden. Einen Teil davon in eine Wildwiese zu verwandeln, geht ganz einfach und sieht hübsch aus. Wenn man selektive Unkrautvernichter weglässt, staunt man manchmal, was so alles an Wildblumen im Rasen gedeiht. Hören Sie einfach auf zu mähen und lassen Sie Gras und Blumen ungehindert wachsen. Zugekaufte Wildblumen verstärken die Wirkung.

BIENEN- UND HUMMELFUTTER
Wiesen-Klee (*Trifolium pratense*) trägt den ganzen Sommer über Blüten und lockt damit Insekten, wie Hummeln und Schmetterlinge, an.

◔ SCHICKE OPTIK

Markieren Sie die zukünftige Wiesenfläche mithilfe von Pflöcken und Schnur. Sie können hier eine natürliche Form mit gewundenen Pfaden oder auch geometrische Muster aus Rechtecken und Quadraten anlegen. Mähen Sie ab dem Frühjahr regelmäßig, außer auf den abgesteckten Flächen. Bereits nach kurzer Zeit beginnen sich die Wildflächen deutlich vom kurzen Rasen abzuheben, sodass Sie die Schnur entfernen können.

ROBUSTES WEISS
Der Spitz-Wegerich (*Plantago lanceolata*) überlebt auch trockenen Boden und trägt braune längliche Blütenstände mit einer Fülle winziger weißer Blütchen. Die tief geaderten Blätter sind schmal und spitz.

GELBE WOLKE
Die scheinbar über dem Gras schwebenden kelchförmigen Blüten des Scharfen Hahnenfußes (*Ranunculus acris*) sind ein echter Blickfang. Er ist die perfekte Pflanze für leicht feuchten oder schweren Boden.

SONNENBLÜTEN
Die Wiesen-Margerite (*Leucanthemum vulgare*) lässt sich leicht als Setzling in die Wiese einbringen (siehe »Setzlinge«, gegenüber). Die unverwechselbaren Blüten gehören einfach auf jede Wiese.

LETZTE HANDGRIFFE

Anfangs besteht die neue Wiese überwiegend aus Gräsern. Diese blühen zwar oft wunderschön, aber man kann noch wesentlich mehr tun.

❋ **Wege** Sorgen Sie für eine klare Grenze zwischen hohem und kurzem Gras. Wege sollten breit sein und regelmäßig gemäht werden.

❋ **Setzlinge** Pflanzen Sie im Herbst oder Frühling Wildblumensetzlinge und Zwiebelpflanzen ins kurze Gras, um die »Verwandlung« zu beschleunigen.

❋ **Unkraut** Graben Sie unerwünschte Pflanzen, wie Brombeeren und Baumsämlinge, Sauerampfer, Distel und Löwenzahn, aus. Verzichten Sie nach Möglichkeit auf Unkrautvernichter.

❋ **Rückschnitt** Mähen Sie Ihre Wiese zum Sommerende mit der Sense oder dem Rasentrimmer. Lassen Sie den Schnitt einige Tage liegen, damit die Samen sich lösen können, und rechen Sie erst dann das Heu zusammen. Das erhält die Artenvielfalt.

MEHR AUSWAHL

BIENEN- UND HUMMELFUTTER *Stachys officinalis*, Wiesen-Witwenblume (*Knautia arvensis*), *Centaurea nigra*, Wilde Malve (*Malva sylvestris*), Wiesen-Storchschnabel (*Geranium pratense*), Braunelle (*Prunella vulgaris*); Gamander-Ehrenpreis (*Veronica chamaedrys*)

ROBUSTES WEISS Wiesen-Kerbel (*Anthriscus sylvestris*), Weiß-Klee (*Trifolium repens*), Wilde Möhre (*Daucus carota*)

GELBE WOLKE Hornklee (*Lotus corniculatus*), Schlüsselblume (*Primula veris*), *Galium verum*, Tüpfel-Johanniskraut (*Hypericum perforatum*), Kleiner Klappertopf (*Rhinanthus minor*)

SONNENBLÜTEN Ferkelkraut (*Hypochaeris radicata*), Gänseblümchen, Habichtskraut (*Pilosella aurantiaca*), Milchkraut (*Leontodon*)

Einen Rasen formen

PFLANZEN & MATERIAL

Maßband

Bambusstab und Schnur

Sand oder weiße Sprühkreide

Kantenstecher

Scharfer Spaten

Rasenkantenband

Feiner Schiefersplitt, Zierkies oder dekorativer Rindenmulch

Eine sauber gezogene Linie um einen eher formlosen Rasen kann den ganzen Garten verwandeln. Geometrische Formen sorgen für einen modernen Look, und ein schlichter Kreis passt zu jedem Stil. Es macht nichts, wenn ein ganzer Kreis nicht passt, auch eine Rundung an einer ansonsten eckigen Fläche wirkt gut. Bei größeren Flächen kann man mit den unterschiedlichsten Kombinationen experimentieren, z. B. mit zwei überlappenden Kreisen. Wichtig ist nur eine präzise gezogene Kante.

Rasenkantenband ist wichtig, wenn man mit Steinen mulchen will, ansonsten kann man die Kante auch vertikal abstechen, die Erde etwas zurückschieben und mit Rinde mulchen.

1 Abmessen
Die zukünftige Form der Rasenaußenkante durch Vorzeichnen auf Papier festlegen. Für eine Kurve zunächst ein Quadrat mit dem Maßband auf dem Rasen abmessen und die Ecken markieren.

2 Den Umfang markieren
Einen Bambusstab in der Ecke gegenüber der zukünftigen Kurve in den Boden stecken. Eine Schnur daran befestigen, straff ziehen und den Verlauf der Kurve mit Sand oder Sprühkreide markieren.

3 Die Form abstechen
Mit Kantenstecher oder Spaten den Rasen entlang der markierten Linie senkrecht abstechen. Das durchtrennt die Grasnarbe sauber und der Spalt nimmt später das Kantenband auf.

4 Die Sode entfernen
Neu gelegter Rollrasen lässt sich leicht zurückschlagen, aber etabliertes Gras muss großzügig mit einem scharfen Spaten losgestochen und abgehoben werden.

5 Kantenband verlegen
Rasenkantenband in die Spatenfurche drücken. Das Band sollte ein kleines Stück unterhalb der Rasenoberfläche liegen, um das Mähen zu erleichtern.

6 Mit Schiefer auffüllen
Schiefersplitt oder Kies ausbringen, um die Kante zu betonen und das Band zu verdecken. Der Mulch sollte tiefer als das Band liegen, um die Mähmesser zu schonen.

Trittsteinweg

PFLANZEN & MATERIAL

Wegplatten

Altes scharfes Küchenmesser, Teppich-
schneider oder Hobbymesser

Kleiner scharfer Spaten

Bausand

Fertigmörtel (optional)

Eimer und Gartenkelle

Bodenverdichter oder kurze Holzbohle

Gummihammer

Gepflasterte Wege erleichtern den Zugang zum Garten bei jedem Wetter, sind aber nicht immer schön, vor allem in kleinen Gärten. In diesem Fall helfen vielleicht Trittsteine. Hier liegen sie in einem Rasen, sie können aber auch bei tiefen Beeten den Zugang zu den Pflanzen erleichtern. Auf einem festen Boden, wie auf einem etablierten Rasen, braucht man meist keinen Mörtel zum Stabilisieren, sondern nur etwas Sand.

Mit Trittsteinen lässt sich ein schöner Weg zu einer Gartenbank legen, aber er muss auch praktisch sein – ist er zu gewunden, nehmen die Leute sehr schnell eine Abkürzung übers Gras.

1 Die Platten auslegen
Mit der Position der Platten experimentieren und den besten Weg zum Ziel ausprobieren. Die Position der ersten Platte mit dem Messer anreißen, dann die Platte zur Seite legen.

2 Die Grasnarbe heben
Neu gelegter Rollrasen lässt sich leicht zurückschlagen, aber etabliertes Gras muss mit einem scharfen Spaten losgestochen werden, indem man ihn waagerecht unter die Narbe schiebt.

3 Die Erde ausheben
Genügend Erde ausheben, sodass die Platte knapp unterhalb der Oberfläche liegt – das erleichtert später das Mähen. Soll Mörtel hinzukommen, weitere 5–8 cm Erde ausheben.

4 Den Sand ausbringen
Sand in das Loch geben und mit einem Verdichter oder einer Bohle komprimieren. In den meisten Fällen reicht der so vorbereitete Untergrund als feste Basis für die Platte völlig aus.

5 Den Mörtel einfüllen
Wenn der Boden weich ist oder die Platte besonders fest liegen soll, hilft mit etwas Wasser angerührter Fertigmörtel. Die Mischung mit einer Maurerkelle gleichmäßig im Loch verstreichen.

6 Die Platte legen
Die Platte in das Loch legen und sanft mit einem Gummihammer in den Mörtel treiben. Bei Verwendung von Sand durch Wegnehmen und Umverteilen für eine stabile Lage sorgen.

Aus dem Garten auf den Tisch

Jeder Garten, mag er auch noch so klein sein, eignet sich als Nutzgarten. Selbst auf kleinsten Flächen, wie auf Fensterbänken und an Wänden, lassen sich Obst, Gemüse, Kräuter und Salate anbauen. Sie können sie separat ziehen oder mit Blühpflanzen mischen, denn schließlich kann ein Nutzbeet ebenso dekorativ sein wie eine Blumenrabatte. Die meisten Nutzpflanzen gedeihen auch im Kübel und belohnen uns schon nach wenigen Wochen mit einer köstlichen Ernte.

Spalierobst

Obststämme an Wänden und Zäunen entlang Spalieren zu ziehen, sieht nicht nur elegant aus, sondern ist sehr Platz sparend. So werden kahle Flächen genutzt und darunter ist noch genügend Raum für andere Pflanzen.

IDEALE WAHL

Beim Anblick saftiger Früchte in leuchtenden Farben an Zäunen und Wänden wird Ihnen im Sommer das Wasser im Mund zusammenlaufen. Spalierobst zu ziehen ist nicht schwierig und belohnt Sie mit reicher Ernte. Auch die Pflege ist nicht arbeitsintensiv. Neue Sprosse müssen angebunden und überschüssige herausgeschnitten werden. So bleiben die Pflanzen in Form und produktiv. Sie eignen sich als Blickfang oder als dekorative Unterteilung.

🕐 SPALIERE UND STÜTZEN

Junge Triebe müssen angebunden werden, damit sie in die richtige Richtung wachsen, aber auch ältere Äste brauchen Unterstützung, wenn sie voller Obst hängen. Je nach Standort und gewünschter Wuchsform gibt es ganz unterschiedliche Stützsysteme, die man verwenden kann.

DRÄHTE

An einem Holzzaun werden im Abstand von 35 cm Schraubösen in die Pfosten gedreht und kräftiger Draht gespannt.

ACHTERSCHLAUFE

Stämme und Zweige werden mit einer Achterschlaufe an Pflanzstäbe gebunden. Das verhindert, dass sie aneinander scheuern.

BAMBUSFÄCHER

Spannen Sie zuerst Drähte horizontal vor den Zaun. Dann binden Sie zwei Bambusstäbe kreuzweise aneinander und drücken Sie die unteren Enden vor einem Pfosten in den Boden. Der Haupttrieb der Pflanze wird gerade nach oben angebunden und die Seitentriebe fächerartig seitlich daneben.

EINZELPFLANZE (LINKS)

Schon ein einzelnes Exemplar kann reiche Ernte bringen. Besonders auf kleinem Raum kann man so Äpfel, Birnen, Weiße und Rote Johannisbeeren oder Stachelbeeren ziehen.

SPALIERAPFEL (OBEN)

Ein dekorativer Spalierapfel kann sowohl eine Grenze markieren, als auch an einer Wand stehen. Für eine harmonische Form werden die Hauptäste horizontal erzogen.

BROMBEEREN AM DRAHT (OBEN)

Brombeersträucher müssen keine komplexen Gebilde sein. Man kann die wuchernden Triebe auch einfach an horizontal gespannte Drähte binden, was auch die Pflege erleichtert.

APFELBAUM ALS ÜBERSTEIGER (LINKS)

Diese niedrig wachsenden, waagerecht gezogenen Apfelbäumchen sind extrem Platz sparend und man kann mit ihnen Wegränder bepflanzen oder Beete teilen. Trotz der geringen Größe tragen sie viele Früchte.

BIRNBAUM IN U-FORM

Die u-förmigen Bäume wirken besonders elegant, wenn sie in einer Reihe als dekorative Grenzbepflanzung dienen. Diese Erziehung eignet sich für Äpfel und Birnen, die seitliche Fruchtachsen ausbilden. Die Pflanzen benötigen ein Spalier als Stütze.

Heidelbeerkübel

PFLANZEN Mitte Sommer bis Herbst
Ernten Sommer bis früher Herbst

PFLANZEN & MATERIAL

Großer dekorativer Kübel, größer als der ursprüngliche Topf der Pflanze

Tonscherben

Rhododendron- oder Moorbeeterde

Pflanzkelle

1 Heidelbeerpflanze (*Vaccinium*) im Topf (2–3 Jahre alte Topfpflanzen etablieren sich schneller als wurzelnackte Pflanzen.)

Spezialdünger

Die Heidelbeere ist eine wunderbare Pflanze, die gleich doppelt Freude bereitet. Sie bringt herrlich süße Beeren hervor und ist zudem äußerst hübsch. Im Sommer trägt sie zunächst eine Fülle zarter weißer Blüten, bevor sie ihre Früchte produziert. Nach der Ernte im Herbst verwöhnt uns die Heidelbeere noch mit einem roten bis violetten Herbstkleid.

In Gärten mit einem neutralen oder alkalischen Boden müssen Heidelbeerpflanzen in Kübel gesetzt werden, denn die Pflanzen benötigen saure Erde. So kann man sie mit der nötigen Spezialerde versorgen.

Es gibt zwar auch selbstbefruchtende Heidelbeeren, doch die meisten brauchen zum Bestäuben eine Partnerpflanze. Wenn Sie also genügend Platz haben, gönnen Sie sich zwei Pflanzen, denn mit Partner tragen sie einfach mehr Früchte.

1 Den Kübel vorbereiten
Ein paar Tonscherben am Boden über das Dränageloch legen und mit einer Schicht Rhododendronerde bedecken – aber genügend Raum für den Plastiktopf lassen.

2 Den Topf hineinstellen
Die Pflanze aus dem Topf lösen und den Topf in der Mitte in den Kübel stellen. Den Raum außen herum mit Rhododendronerde füllen.

3 Andrücken
Den Kübel bis etwa 2,5 cm unterhalb des Rands mit Erde auffüllen. Dann die Erde rund um den Plastiktopf andrücken, aber nicht zu stark verdichten.

UND ZWISCHENDURCH ...

❋ **Ein kräftiger Schluck** Die Pflanze nach dem Einsetzen gut wässern und während der Wachstumsperiode, besonders bei heißen Temperaturen, regelmäßig gießen. Nach Möglichkeit Regenwasser nutzen, damit die Erde sauer bleibt.

❋ **Saison-Hupferl** Den Kübel jedes Frühjahr mit einer Lage Rhododendronerde auffüllen und die Erde mit der empfohlenen Menge Spezialdünger auffrischen.

❋ **Gut gemulcht** Jedes Frühjahr eine 7,5 cm dicke, geeignete Mulchschicht auflegen, wie etwa Lauberde, Kiefernnadeln, Nadelbaum-Schnittreste oder Farnkraut.

❋ **Genügend Platz** Kompakte Pflanzen sind ideal für den Kübel, aber auch sie benötigen Platz. Beengte Pflanzen im Frühjahr in einen größeren Kübel umtopfen.

4 Einpflanzen

Den Plastiktopf vorsichtig aus dem Kübel heben, ohne dass die Erdwände einstürzen. Die Wurzeln leicht lockern und die Heidelbeere in das Loch setzen.

Obst im Kübel

Bei wenig Platz im Garten und auf der Terrasse sind Obstbäume im Kübel eine praktische und zudem attraktive Alternative. Mit ein wenig Pflege gedeihen die Pflanzen prächtig und belohnen Sie mit einer reichen, hauseigenen Ernte köstlicher Früchte.

◔ OBSTBÄUME RICHTIG PFLEGEN

Im Kübel gezogene Obstbäume benötigen etwas mehr Pflege als diejenigen im Boden, denn sie sollten immer mit genügend Wasser und Nährstoffen versorgt werden.

DÜNGEN

Gönnen Sie den Obstbäumen jedes Frühjahr einen ausgewogenen Dünger, den Sie nach Herstellerangaben verdünnen.

NETZE

Schützen Sie die Früchte mit Netzen vor Vögeln. Achten Sie beim Anbringen der Netze darauf, dass sich Vögel nicht in ihnen verfangen können.

◔ IDENTISCHE KÜBEL

Auch als Solitäre wirken Obstpflanzen auf der Terrasse sehr attraktiv, aber bei genügend Platz ist eine Reihe aus Säulenobst ein echter Blickfang. Diese Gruppierung ist für nicht selbstbefruchtende Sorten nötig, da sie in Zweier- oder Dreiergruppen stehen müssen.

IDEALE ERDE

Im Kübel können Sie auch Obst anbauen, das normalerweise im Boden Ihres Gartens nicht gedeihen würde. Pflanzen wie Heidelbeeren, Preiselbeeren und Moosbeeren benötigen alle saure Erde, die man ihnen im Kübel geben kann.

IDEALE WAHL

Viele Pflanzen benötigen bestimme Bedingungen, um zu gedeihen. Daher wachsen nicht alle in jedem Garten. Im Kübel kann man hingegen jeder Pflanze die für sie idealen Bedingungen bieten. Ein Kübel begrenzt automatisch das Wachstum von Obstbäumen. So können Sie sicher sein, dass die Pflanzen auch ohne viel Arbeit mit dem Rückschnitt nicht zu groß werden.

PLATZ SPARENDE BÄUME

Obstbäume, wie Äpfel, Birnen, Kirschen, Pflaumen, Zwetschgen und Aprikosen, sind alle in Zwergformen erhältlich, die sich für die Kübelpflanzung eignen. Dies begrenzt ihr Wachstum und verbessert ihre Vitalität und damit die Fruchtproduktion.

FROSTEMPFINDLICHE PFLANZEN

Ein weiterer Vorteil der Kübelpflanzung ist, dass Sie auch mediterrane, frostempfindliche Früchte, wie Orangen und Zitronen, anbauen können. In leichten Kübeln können sie nach drinnen geholt werden, wenn die Nächte kühl werden und Frost droht.

Erdbeer-Ampel

PFLANZEN Frühsommer bis Mitte Sommer
ERNTEN Mitte Sommer bis später Herbst

PFLANZEN & MATERIAL

Ausgeschlagener Pflanzkorb mit 30–40 cm Durchmesser

Großer Pflanzkübel als Ständer

Blumenerde

Haushaltsschere

Langzeitdünger (Granulat)

Wasserspeicher-Granulat (nach Wunsch)

3–5 Erdbeerpflanzen (für eine lange Ernteperiode verschiedene Sorten mischen)

Erdbeeren sind besonders attraktiv, wenn sie aus Ampeln herabhängen, und sie eignen sich ideal für begrenzten Raum. Zudem werden die Früchte nicht von Pilzen befallen und auch Schnecken können sie im Korb hängend nicht erreichen.

Wenn Sie verschiedene Sorten mischen, die versetzt Früchte tragen, können Sie lange ernten. Bei regelmäßigem Wässern und Düngen sollten Sie mehrere Monate lang jeden Tag ein paar Erdbeeren pflücken können.

Wenn Sie ein Erdbeerbeet anlegen, sollten Sie die ersten Blüten ausputzen, um das Wurzelwachstum zu fördern. In der Ampel ist dies nicht nötig. Wer im Frühjahr pflanzt, kann schon im ersten Jahr seine Ernte genießen. Und wenn Sie ein wenig spät dran sind, pflanzen Sie einfach vorgezogene, bereits blühende Pflanzen aus dem Gartencenter.

1 Die Ampel vorbereiten

Die Ampel in einen Pflanzkübel setzen, damit sie nicht umfällt. Etwa auf einem Drittel der Höhe mit der Schere ein paar Dränagelöcher in die Folie schneiden. Unten darf sich Wasser sammeln.

2 Dünger zugeben

Die Erde mit Langzeitdünger mischen, damit die Pflanzen über einen großen Zeitraum genügend Nährstoffe haben. Nach Wunsch Wasserspeicher-Granulat zugeben, sodass weniger oft gegossen werden muss.

3 Die Ampel bepflanzen

Die Erdbeerpflanzen in einem Eimer vorwässern und dann gleichmäßig verteilt in die Ampel setzen. So tief einpflanzen, wie sie in ihren Töpfen saßen. Die Erde um die Pflanzen herum leicht andrücken.

UND ZWISCHENDURCH …

❋ **Regelmäßig wässern** Pflanzen können in nasser Erde nicht wurzeln, also nicht zu stark wässern; Früchte vor Nässe schützen, um Pilzbefall zu verhindern.

❋ **Düngen** Ab Beginn der Blütenbildung flüssigen Tomatendünger verwenden.

❋ **Rundum Licht** Die Ampel wöchentlich drehen, damit die Früchte gleichmäßig reifen.

❋ **Ausläufer entfernen** Neue Pflanzen am Ende von Trieben herausnehmen, um die Fruchtbildung zu fördern. Die Ausläuferpflanzen in separate Töpfe setzen. Bei Beetpflanzen die Ausläufer in die Erde drücken und später die Verbindung kappen.

❋ **Überwintern** Die Ampel am Ende der Saison abhängen und die alten Blätter entfernen. Die Erde im neuen Jahr mit Blumenerde und Dünger aufbereiten.

4 Akklimatisieren

Die Ampel wässern und an einen geschützten Ort stellen, damit die Pflanzen sich erholen können. Nach etwa zehn Tagen vor eine sonnige Wand hängen.

Hoch hinaus

Wenn Sie wenig Bodenfläche haben, sind aufgebundene oder von selbst kletternde Obst- und Gemüsepflanzen eine hervorragende Wahl. Mit ihnen können Sie das Raumangebot optimal nutzen. Sonnige Mauern und Zäune sind ideal, aber auch Pfosten, Pergolen, Spaliere oder Obelisken in Beeten nehmen die Pflanzen gerne an.

🕐 KLETTERHILFEN

Eine Nutzpflanze, die ein schönes Rankgitter überwuchert, wird zum dekorativen Blickfang. Pfosten und Rahmen werden meist schnell überwuchert, man erhält eine neue vertikale Ebene im Garten und Pflanzen und Blüten klettern hinauf ins Sonnenlicht und in die Flugbahn bestäubender Insekten.

BAMBUSSTÄBE
Bohnen und Erbsen werden traditionell in Zeltform oder als Dreibein an Bambusstäben gezogen.

PERGOLAPFOSTEN
An Pfosten gespannte Drähte sind gute Kletterhilfen, an denen man die Triebe anbinden kann.

LAUBENGÄNGE
Bögen sind dekorativ und wirken mit Blüten und herabhängenden Früchten noch attraktiver. Ausgedünnte, biegsame Äste ergeben zusammengebunden einen rustikalen Look.

IDEALE WAHL

Im Garten bietet jede sonnige Wand, jeder sonnige Zaun die Gelegenheit, Obst oder Gemüse zu ziehen. Konstruieren Sie aus Latten und Drähten ein Spalier vor Zaun oder Wand oder stellen sie Rankgitter auf. Sie bieten den Pflanzen guten Halt und sorgen für eine gute Luftzirkulation.

GURKEN

Diese rankende Gurke benötigt Unterstützung beim Klettern. Ihr Haupttrieb sollte immer wieder angebunden werden.

WEINRANKEN AN DER WAND

Eine warme, sonnige Wand ist der ideale Standort für Wein. Er muss anfangs festgebunden und regelmäßig geschnitten werden. Dann aber überwuchert er bereitwillig jede Rankhilfe und belohnt mit süßen Trauben.

TOMATEN

Tomaten können als Busch oder als Einzelstämmchen (Kordon) an Bambusstäben gezogen werden. Den Haupttrieb anbinden und die Seitentriebe aus den Blattachseln entfernen, um den Ertrag zu steigern.

KÜRBISSE

Kürbisse benötigen viel Platz. Erzieht man sie an einem Rankgitter in ein Netz, bleibt am Boden Raum für anderes, und Schnecken erreichen die Früchte nicht mehr.

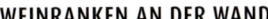

Kräuter ziehen

Im Blumenkasten, in der Rabatte oder in einem speziellen Kräuterbeet sind Kräuter nicht nur ein hübscher Anblick, sondern sie werden seit Jahrhunderten wegen ihrer heilenden Wirkung und ihres Geschmacks geschätzt. In Tees oder Gerichten ist der Geschmack frischer Kräuter einfach unschlagbar und sie duften umwerfend, wenn man im Sommer an ihnen vorbeistreicht.

SCHICKE OPTIK

Dieses klassische Kräuterbeet in Wagenradform birgt eine Mischung aus einjährigen und mehrjährigen Kräutern. Es wird mit etwa 1 m Durchmesser angelegt und sollte sonnig und geschützt liegen. Die Mitte bildet ein Kübel mit 31 cm Durchmesser mit einem Fenchel und drei Töpfen Schnittlauch. Teilen Sie den Kreis in fünf Segmente und pflanzen Sie in jedes drei Töpfe eines Krauts: Petersilie, Thymian, Majoran, Minze und panaschierter Salbei.

HÜBSCH UND LECKER

Krause Petersilie ist ein zweijähriges Küchenkraut. Am besten sät man es jedes Jahr im Spätfrühling neu. Die zarte Pflanze benötigt tiefe, nährstoffreiche Erde.

BUNTER TEPPICH

Thymus 'Silver Posie' ist ein immergrüner Thymian und trägt im Sommer zartviolette Blüten über silbernen, panaschierten Blättern. Nach der Blüte in kompakte Form zurückschneiden.

MEDITERRANES AROMA

Oregano (*Origanum vulgare*), eine winterharte Staude, und Majoran (*Origanum majorana*) werden meist als Einjährige gezogen und sind für ihre aromatischen Blätter berühmt.

LETZTE HANDGRIFFE

Kräuter regelmäßig gießen, besonders bei trockenem Wetter. Wenn sie bei Hitze emporschießen, die Spitzen auszwicken, damit sie buschiger wachsen.

❊ **Speichen** Die Ränder jedes Kräutersegments mit Steinen markieren. Die Pflanzen nach der Blüte zurückschneiden, um sie kompakt zu halten. Sie sollten nicht in andere Segmente hineinwuchern.

❊ **Einfassung** Eine Einfassung mit strahlenförmig gelegten Ziegelsteinen gibt dem Kräuterrad einen hübschen Rahmen. Alternativ können Sie einen flachen Graben um das Rad ziehen und die Ziegel auf der Seite diagonal gegeneinanderlehnen.

❊ **Schutz vor Unkraut** Wenn die einjährigen Kräuter im Winter absterben, den freien Boden mit Unkrautvlies belegen und etwas Kies darauf verteilen. So kann das Beet unkrautfrei gehalten werden, bis es im Frühjahr neu bepflanzt wird.

❊ **Zentrales Thema** Die Pflanze in der Mitte ersetzen, wenn sie zu groß oder mächtig wird. Ein Lorbeerstämmchen ist auch sehr dekorativ.

MEHR AUSWAHL

HÜBSCH UND LECKER Koriander (*Coriandrum sativum*), Kerbel (*Anthriscus cerefolium*), Liebstöckel (*Levisticum officinale*)

BUNTER TEPPICH Römische Kamille (*Chamaemelum nobile* 'Treneague'), Sand-Thymian (*Thymus serpyllum* var. *albus* oder *T. serpyllum* 'Snowdrift')

MEDITERRANES AROMA Basilikum, Rosmarin (*Rosmarinus officinalis* 'Sissinghurst Blue'), Silberblatt-Salbei (*Salvia argentea*)

DUFTWUNDER Ananas-Salbei (*Salvia elegans* 'Scarlet Pineapple'), Orangen-Thymian (*Thymus* 'Fragrantissimus')

LEUCHTENDE FARBE Basilikum 'Purple Ruffles', Zitronen-Melisse (*Melissa officinalis* 'Aurea')

DUFTWUNDER
Die violett überhauchten Blätter der *Mentha × piperita* fo. *citrata* verströmen einen intensiven Duft. Sie gedeiht besonders gut auf durchlässigem Boden, der mit Stallmist angereichert ist.

LEUCHTENDE FARBE
Schön panaschierte Blätter von *Salvia officinalis* 'Tricolor' machen ihren kaum wahrnehmbaren Geschmack wett. Nach der Blüte zurückschneiden, um das Blattwachstum anzuregen.

Würzige Blätter

Nicht immer der gleiche Salat: Der Spaß am eigenen Anbau ist gerade, dass man Neues ausprobieren kann. Heute gibt es verschiedenste Pflanzen, die Ihrem Salat Pfiff und Würze verleihen. Sie werden häufig in Samenmischungen verkauft, die teils als asiatische, orientalische, mediterrane oder würzige Salatmischung angeboten werden – da ist für jeden Geschmack etwas dabei.

SCHICKE OPTIK

Säen Sie die Samen in mit Blumenerde gefüllte Kübel. Auf der Samenverpackung ist angegeben, wie tief und wie weit auseinander die einzelnen Sorten gesät werden sollten. Entnehmen Sie der Packung ebenfalls, wie scharf oder pfeffrig die Sorten sind, und wählen Sie nach Ihrem Geschmack aus. Wässern Sie die Samen nach dem Säen gut und dünnen Sie Sämlinge aus. Zupfen Sie Unkraut regelmäßig aus dem Anzuchtkübel aus.

NACHWACHSENDE SALATE
Von nachwachsenden Sorten hat man den ganzen Sommer über etwas. Die oft als Asia-Salat verkaufte Blattkohlsorte 'Mibuna' hat einen zarten Senfgeschmack und benötigt Schatten.

INTENSIVE FARBE
Würzige Salate mit bunten Blättern sehen sehr appetitlich aus. Exotische Blattkohlsorten, wie die rote Senfspinat-Sorte 'Red Komatsuna', wachsen auch in kühlerem Klima sehr gut.

LANGE ERNTE
In warmem Boden oder unter Schutz gesät wachsen manche Blätter schon früh im Frühjahr und bis in den Herbst hinein. 'Greek Cress' wächst unter Anzuchtglocken bis in den Winter.

LETZTE HANDGRIFFE

Ein Kübel voller würziger Salatblätter ist im Sommer eine Zierde für Terrasse und Garten und macht jeden Salat zum Erlebnis. Bei guter Pflege ernten Sie lang.

❋ **Lücken auffüllen** Nachwachsende Salate können den ganzen Sommer über geerntet werden, ohne dass man nachsäen muss. Entstandene Lücken kann man aber durch Nachsäen wieder schließen.

❋ **Kiesmulch** Sobald die Sämlinge erscheinen, eine dünne Mulchschicht aus feinem Kies ausbringen, um Unkraut vorzubeugen und die Feuchtigkeit im Sommer im Boden zu halten. Viele Salate reagieren auf trockenen Boden mit übermäßigem Wuchs.

❋ **Gut gemischt** Sehr dekorativ wirken Kübel in Gruppen, wie beispielsweise ein Kübel mit italienischen Salatblättern, einer mit asiatischen Salatblättern und einer mit krausem Pflücksalat.

❋ **Winterwärme** Wenn die Sommersaison dem Ende zugeht, kann man durch Aussäen einer der vielen erhältlichen Wintersorten für ganzjährige Ernte sorgen.

MEHR AUSWAHL

NACHWACHSENDE SALATE Feldsalat, Blattkohl Mizuna, Portulak, Endive

INTENSIVE FARBE Radicchio, Roter Mangold, Senfkohl 'Red Giant', gelb blühender Portulak, Blattkohl 'Red Russian' ('Russischer Roter', Sibirischer Kohl)

LANGE ERNTE Schild-Sauerampfer, Schaumkraut, Winterportulak, Abessinischer Kohl, Endivie 'CanCan'

EIN HAUCH VON ASIEN Pak Choi 'Golden Yellow' oder 'Canton White', Chinakohl 'Golden Yellow', Senfkohl Amchoi oder 'Red Giant', Tatsoi, Roter Senf 'Red Frills'

WÜRZSALATE Brunnenkresse, Petersilie, *Brassica juncea* 'Green Wave', Blatt-Zichorie 'Red Rib'

EIN HAUCH VON ASIEN

Es erstaunt kaum, dass viele der würzigen Blätter aus Asien stammen. Feuriges, wie die Blätter roter Senfkohl-Sorten, sind in der asiatischen Küche sehr beliebt.

WÜRZSALATE

Bei Blättern mit starkem Eigengeschmack müssen Sie den Salat kaum würzen, denn er bringt die Würze bereits mit. Rauke z. B. verleiht dem Salat eine schöne pfeffrige Note.

Neben der Küchentür

PFLANZEN Mitte Frühjahr bis früher Herbst
ERNTEN Spätes Frühjahr bis früher Winter

PFLANZEN & MATERIAL

Weiter Kübel mit Dränagelöchern

Eine Schicht Dränagematerial (S. 8–9)

Lehmhaltige Blumenerde

Universaldünger

Vorgezogene Salatpflanzen oder Saatbänder (z. B. für Mangold, Spinat, Rote Bete, nachwachsende Schnitt- oder Pflücksalate, Salatmischungen, Radicchio oder Kräuter)

Eine leckere Salatmischung direkt neben der Küchentür ist jederzeit frisch und griffbereit. Viele Salate können blattweise geerntet werden und wachsen nach, sodass Ihnen der Nachschub nie abreißt. Hier haben wir bunten Mangold ('Bright Lights') gezogen, Sie können aber jede fertige Salatblattmischung verwenden oder verschiedene nachwachsende Salate säen.

Jeder weite Pflanzkübel mit Dränagelöchern ist zur Salatzucht geeignet, aber auch bunte Kunststoffwannen, sofern man Löcher in den Boden bohrt.

Eine Metallwanne sollten Sie mit Karton ausschlagen, um die Wurzeln vor dem Überhitzen zu schützen. Damit nicht so viel Feuchtigkeit aus Terrakottatöpfen verdunstet, können Sie sie mit Pflanzbeuteln ausschlagen.

1 Den Kübel befüllen
Eine Schicht Dränagematerial, wie beispielsweise Tonscherben, einfüllen und den Kübel mit lehmhaltiger Blumenerde oder einer 50:50-Mischung aus Blumen- und Gartenerde befüllen.

2 Die Pflanzen vorbereiten
Einen Universaldünger nach Packungsangaben in die Erde einarbeiten. Die vorgezogenen Pflanzen oder Saatbänder vorwässern. Die Pflanzen vorsichtig aus den Töpfen lösen und die Wurzeln auflockern.

3 Einsetzen und andrücken
Ein Pflanzloch so tief ausheben, dass die Pflanze genauso tief sitzt wie in ihrem vorherigen Topf. Die Pflanze einsetzen, das Loch mit Erde auffüllen und die Erde leicht mit den Händen andrücken.

UND ZWISCHENDURCH ...

❋ **Gießkanne immer griffbereit** Blattgemüse benötigt viel Feuchtigkeit. Gießen Sie früh morgens und bei Hitze zusätzlich am späten Abend. Gießen Sie direkt an der Pflanzenbasis, damit das Wasser sofort an die Wurzeln gelangt.

❋ **Im Sommer gut düngen** Trotz des Düngergranulats werden für den Salat nach ein paar Monaten die Nährstoffe knapp. Mit speziellem Flüssigdünger düngen.

❋ **Vor Schädlingen schützen** Achten Sie an feuchten Abenden auf Schnecken. Suchen Sie sie mit der Taschenlampe. Ein paar Dornenzweige helfen gegen Katzen.

❋ **Warm halten** Den Kübel bei Kälte mit Vlies abdecken, um die Ernte zu verlängern.

4 Wässern und platzieren

Die Pflanzen mit etwa 6 cm Abstand zueinander einsetzen, gut wässern und den Kübel an einen hellen Standort stellen. Mehrere Kübel mit verschiedenen Sorten bieten mehr Abwechslung.

Wintersalat

Wenn der Sommer vorbei ist, Sie aber Ihren Salat nicht wieder im Supermarkt kaufen möchten, können Sie auch Ihren eigenen Wintersalat anbauen. Es gibt eine große Anzahl besonders robuster, spezieller Wintersalate. In gut durchlässige Erde gepflanzt und regelmäßig geerntet, versorgen sie Sie bis zum Frühjahr mit frischen Blättern.

WINTERVLIES

Robuste Sorten kommen mit kaltem Wetter gut zurecht. Wenn die Temperaturen aber unter Null sinken sollen, und Frost vorhergesagt ist, sollte man den Pflanzen ein wenig helfen und sie schützen. Wintervlies bewahrt empfindliche Sämlinge und Pflanzen vor Kälteschäden, lässt aber das dringend nötige Licht und Regenwasser durch.

EINSETZEN
Die Pflanzen, wie hier Mangold 'Bright Lights', in eine Kiste mit einfacher Gartenerde einpflanzen.

BÖGEN EINSETZEN
Bambusbögen in die Erde drücken, damit die Pflanzen unter dem Wintervlies genügend Platz haben.

ANZUCHTHAUBEN

Anzuchthauben sind wie kleine Gewächshäuser. Sie halten den Boden warm und die Pflanze frostfrei. Traditionell haben sie Glockenform und werden über Einzelpflanzen gestülpt. Es gibt aber auch Hauben in Tunnelform für ganze Pflanzreihen. Da sie die Luftzirkulation stoppen, müssen die Pflanzen an warmen Tagen gelüftet werden.

HAUBEN VERWENDEN
Eine Haube vorsichtig über eine zu schützende Pflanze stülpen, ohne die Pflanze dabei zu beschädigen.

PFLANZREIHEN
Wenn mehrere Pflanzen Schutz benötigen, erhält jede ihre eigene Anzuchthaube.

IDEALE WAHL

Viele robuste Sommersalatsorten können auch ganzjährig gezogen werden. Daneben sind aber zahlreiche Sorten erhältlich, die speziell für den Anbau im Winter gezüchtet wurden. Sie haben meist ein stärkeres Aroma und einige sind leicht bitter. Lichtentzug unter umgedrehten Blumentöpfen sorgt dafür, dass die Blätter nicht ganz so bitter werden.

RADICCHIO

Trotz ihrer mediterranen Herkunft ist diese italienische Blattzichorie relativ winterhart und wird bei fallenden Temperaturen immer süßer. Die rot gesprenkelten Blätter beleben den Garten mit Farbe.

WINTERPORTULAK

Claytonia perfoliata, Winterportulak oder Tellerkraut, wächst vom frühen Winter bis zum späten Frühjahr. Die fleischigen Blätter der Pflanze können im Salat gegessen oder wie Spinat gedünstet werden.

MIZUNA

Diese pfeffrigen, gezackten Blätter erinnern in Form und Geschmack an Rauke. Sie können das gesamte Jahr hindurch gezogen werden, eignen sich aber perfekt für den Winter, da sie kühles, nasses Wetter mögen.

ABESSINISCHER KOHL

Das auch als Äthiopischer Senf bezeichnete Blattgemüse wächst sehr schnell und ist mit dem Kohl verwandt, schmeckt aber eher wie Spinat. Es lässt sich das ganze Jahr hindurch als nachwachsender Salat ziehen.

Flippige Töpfe

Bei Pflanzkübeln und Blumentöpfen gibt es keine Richtlinien. Sie können Ihrer Fantasie also freien Lauf lassen und Ihren Garten bunt und mit ausgefallenen Ideen gestalten. Als Pflanzgefäß eignet sich eigentlich fast alles, in das man Dränagelöcher bohren kann. Also gehen Sie auf die Suche nach witzigen Kübeln!

SAFTKARTONS

Werfen Sie hübsche Saftkartons nicht sofort weg, sondern gönnen Sie ihnen ein zweites Leben im Garten. Die Kartons oben aufschneiden, ein Loch in den Boden stechen, mit Erde füllen und bepflanzen.

KARTONS AUF EINE HÖHE SCHNEIDEN
Die Kartons müssen nicht genau gleich aussehen, wirken aber sehr dekorativ, wenn sie alle auf die gleiche Höhe geschnitten sind.

SAFTFLASCHEN

Kunststoffflaschen mögen für sich genommen nicht sehr hübsch sein, aber mit Salat bepflanzt lässt sich eine Wand mit einer Gruppe aus mehreren Flaschen einfach begrünen.

MIT SCHNUR BEFESTIGEN
Löcher nahe der Schnittkante in die Flaschenwand bohren und die Flasche mit Schnur an einem Fallrohr oder Nagel aufhängen.

HÜBSCHE IDEEN

Manche Pflanzen scheinen geradezu nach bunten Töpfen zu verlangen, und an trüben Tagen beleben diese Farbtupfer den Garten. Lassen Sie Ihrer Fantasie freien Lauf. Fast alles lässt sich als Pflanzgefäß recyceln, sei es altes Schuhwerk, Verpackungen oder auch Küchenutensilien.

SIEB

Dieser Kübel benötigt keine Dränage-löcher, dafür aber eine stabile Folie mit Löchern, damit die Erde nicht herausfällt. Das in der Sonne glitzernde Sieb hält vielleicht sogar Vögel von den Früchten fern!

ALTE GUMMISTIEFEL

Diese roten Gummistiefel haben die ideale Höhe für Erdbeeren. Bepflanzen Sie sie von oben und durch Löcher in den Seiten. Auch Wurzeln, wie Karotten oder Pastinaken, lassen sich gut in Stiefeln anbauen.

EIN EIMER TOMATEN

Ein kaputter Eimer ergibt mit ein paar Drä-nagelöchern eine wunderbare Ampel für Tomaten, die dann elegant herabhängen.

GEMÜSE IM SACK

Diese Säcke sind eine farbenfrohe Vari-ante des Pflanzbeutels und sehr hübsch auf der Terrasse. Sie eignen sich gut zum Anbau von Zucchini und Kartoffeln.

FRACHTKISTE

Hölzerne Frachtkisten, wie etwa von Tee, wirken sehr elegant. Das Holz einfach mit Blumenerdebeuteln vor dem Verrotten schützen und dann mit kletterndem Kürbis, Feige oder Kiwi bepflanzen.

Sprossen selbst ziehen

Selbst wer keinen Garten hat, kann in den Genuss von etwas Selbstgezogenem kommen, indem er Samen keimen lässt. Die leckeren und nährstoffreichen Sprossen lassen sich das ganze Jahr hindurch innerhalb weniger Tage ziehen – ideal für Ungeduldige oder als Spaß für Kinder.

In Bioläden, Reformhäusern und im Internet sind spezielle Keim- oder Sprossengläser erhältlich, Sie können aber auch saubere Marmeladengläser mit Schraubverschluss benutzen, wenn Sie den Deckel perforieren. Es gibt eine recht große Auswahl an Samen für jeden Geschmack, und die Sprossen schmecken gedämpft, im Salat, auf Brot oder in pfannengerührten Gerichten.

Wenn der Vorrat nicht abreißen soll, setzen Sie alle paar Tage ein neues Glas Keime an. So sind immer Sprossen vorhanden, wann immer Sie sie benötigen.

1 Die Samen einweichen
Die Samen in ein Glas geben und den Deckel schließen. Die Samen mit Wasser bedecken und über Nacht an einen warmen Ort (keine direkte Sonne) stellen.

2 Abtropfen lassen
Am nächsten Morgen das Wasser durch den perforierten Deckel abtropfen lassen. Die Samen zweimal täglich mit frischem Wasser waschen und abtropfen lassen.

3 Die Sprossen ernten
Weiterhin täglich waschen und abtropfen lassen, bis die Sprossen eine Länge von etwa 2,5 cm erreicht haben. Die Sprossen vor dem Verzehr nochmals gut waschen.

WAS ZU BEACHTEN IST ...

❋ **Frisch und sauber** Die Gläser sollten vor der Verwendung gründlich gespült und mit heißem Wasser ausgewaschen werden.

❋ **Atmen lassen** Die Samen benötigen Luft, um keimen zu können. Bei schlechter Luftzirkulation schimmeln sie. Wenn das Glas keinen Deckel hat, kann man ein Stück Leinen mit Gummiband darauf befestigen. Die Gläser aber nie luftdicht verschließen.

❋ **Regelmäßig waschen** Die Samen alle 12 Stunden waschen, damit sie nicht schimmeln und die Samenhülle sich besser löst.

❋ **Sanft garen** Derzeit wird empfohlen, Sprossen aus gesundheitlichen Gründen nicht roh zu verzehren. Wenn man sie sanft dünstet, bis sie heiß sind, verlieren sie ihre Nährstoffe und Vitamine nicht.

Gemüse selbst ziehen

PFLANZEN & MATERIAL

Kurze Bambusstäbe und Gartenschnur

Kleine Pflöcke, Holzlatte und Pflanzstock
oder Pflanzkelle

Samen (hier Karotten)

Genug Frostschutzvlies, um das Beet
abzudecken

Viele Gemüse sind als vorgezogene Jungpflanzen erhältlich, aber preiswerter ist es, sie aus Samen selbst zu ziehen. Einige Sorten können direkt ins Anzucht- oder Gemüsebeet gesät werden, wenn Boden und Wetter es erlauben. Andere gedeihen besser unter Schutz und werden erst bei wärmeren Temperaturen ins Beet umgesetzt.

Bereiten Sie den Boden vor der Aussaat immer auf. Er muss einige Zeit im Voraus umgegraben und mit Komposterde gedüngt werden. Vor dem Säen sollten Sie ihn noch einmal mit der Harke auflockern, damit die feinen Wurzeln der Sämlinge sich besser ausbreiten können.

Die Reihensaat erleichtert das Ausdünnen und Unkrautjäten, da Sie die Blätter Ihrer Saat eindeutiger erkennen können und so nicht Gefahr laufen, frische Sämlinge auszuharken.

1 Die Aussaat vorbereiten
Die Saatreihen mit zwischen Pflöcken gespannter Schnur markieren. Mit einer Latte und dem Pflanzstock oder der Kelle die Saatrinnen in den Boden ziehen.

2 Samen säen
Die Samen gleichmäßig in die gesamte Saatrinne streuen und die Packungshinweise beachten. Die Samen vorsichtig mit Erde bedecken, ohne sie zu verschieben.

3 Sämlinge schützen
Die Sämlinge bei Trockenheit gut gießen. Bei drohendem Frost mit Frostschutzvlies abdecken und die Ränder mit Pflöcken feststecken. So lässt sich die Ernte auch vor fliegenden Schädlingen schützen.

FRÜHER DRAN SEIN ...

❋ **Samen im Haus vorziehen** Samen in Einzeltöpfen, auf Saatscheiben oder in Anzuchtkästen mit Erde vorziehen.

❋ **Warm halten** Die Saat in ein kühles Gewächshaus stellen oder im Haus auf der Fensterbank keimen lassen.

❋ **Abhärten** Die Sämlinge nach dem letzten Frost langsam an die Außentemperaturen gewöhnen und erst dann ins Beet setzen.

4 Ausdünnen

Einige Sämlinge vorsichtig herausziehen, um den empfohlenen Pflanzabstand zu erreichen. Diese Sämlinge nicht im Beet kompostieren – besonders bei Karotten, da sie sonst Möhrenfliegen anlocken.

Gemüse auf kleinem Raum

Die meisten Gemüse lassen sich problemlos in Behältern ziehen. Man braucht also keinen Schrebergarten, um eigenes Gemüse zu ernten – mit etwas Kreativität kann man sonnige und geschützte Orte im Garten für Gemüse im Kübel nutzen. Mauern, Stufen, Fensterbänke und Terrassen sind perfekt für einen kleinen »Nutzgarten«.

🕐 BLUMENKÄSTEN

Das Küchenfenster ist der ideale Platz für einen Kasten mit Salaten oder Kräutern, der leicht zu erreichen und abzuernten ist. Nachwachsende Sorten garantieren einen stetigen Nachschub.

KUPFERSTREIFEN

Kleben Sie ein Kupferband rund um den Kasten. Er versetzt gierigen Schnecken einen Schlag und hält sie wirkungsvoll von Ihrer Ernte fern.

🕐 PFLANZBEUTEL

Pflanzbeutel sind praktisch für Tomaten, Zucchini und Kürbisse auf engem Raum. Entsorgen Sie die Beutel zum Ende der Wachstumssaison und graben Sie die Erde im Beet unter.

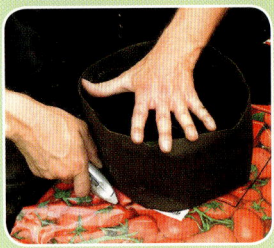

EIN LOCH SCHNEIDEN

Kneten Sie den Beutel durch, um die Erde aufzulockern. Schneiden Sie mithilfe einer Pappschablone ein Pflanzloch hinein.

BEPFLANZEN

Schaffen Sie eine Mulde in der Erde und topfen Sie die Pflanzen aus. Setzen Sie eine Pflanze in die Mulde und drücken Sie sie an.

WÄSSERN UND DÜNGEN

Gießen Sie die Pflanzen gut und düngen Sie regelmäßig, sobald sie Früchte tragen, da die Erde schnell Nährstoffe verliert.

HÜBSCHE IDEEN

Buntes Gemüse verschönert im Sommer den Garten. Wenn Sie in Beet, Rabatte oder Kübel auf der Terrasse dekorative Pflanzen mischen, warum dann nicht Obst und Gemüse einsetzen, die neben Farbe auch leckere Ernte bringen? Und wenn es um mehr Farbe geht, können Sie diese zudem in bunten Töpfen und Kübeln pflanzen, die den Effekt noch verstärken.

FENSTERBANK
Chilis bringen willkommenen Pfiff in den Sommer und die roten Früchte leuchten zudem warm von der Fensterbank.

PFLANZTASCHEN
Begrünte Wände sind ein schöner Schmuck und liefern hier zusätzlich auch noch eine reiche Kräuterernte.

FARBENFROHE EIMER
Diese Flexi-Tubs sind nicht nur ungemein vielseitig zum Tragen einsetzbar, sondern eignen sich auch als Pflanzkübel. Mit Dränagelöchern versehen, kann ein großer Tub zwei Rhabarberpflanzen aufnehmen.

LEUCHTENDE RADIESCHEN
Saftige Radieschen sind schnell und einfach zu ziehen. Häufig und in kleinen Mengen gepflanzt, liefern sie vom späten Frühjahr an bis zum frühen Herbst knackige rote Wurzeln, direkt aus dem Topf in den Salat.

ZINKWANNE
Schlagen Sie Metallbehälter mit Folie aus, damit die Erde nicht zu schnell austrocknet.

GRÜNE STUFEN
Diese schicken Blumenkästen sind mit Folie ausgeschlagen. Sie eignen sich prima als Schmuck für eine Mauer oder breite Treppe.

BUNTE TÖPFE
Das Schöne an Keramik- und Metalltöpfen ist, dass man sie ganz nach Lust und Laune bemalen kann, sodass sie die Farben der Früchte und Gemüse darin entweder aufgreifen oder mit ihnen kontrastieren. Alles, was Sie dazu benötigen, ist eine Schicht Außenfarbe und ein Pinsel.

Kartoffeln im Sack

PFLANZEN Spätwinter bis Mitte Frühjahr
ERNTEN Anfang bis Mitte Herbst

PFLANZEN & MATERIAL

Saatkartoffeln aus virenfreiem Anbau
(ausgewählt nach Erntezeit, Resistenz
gegen Krankheiten, Verwendung und Farbe)

Eierkarton

Schwarzer Abfallsack

Kartoffelsack aus Leinen oder anderer
großer Behälter

Lehmhaltige Pflanzerde

Haushaltsschere

Kartoffeln sind äußerst einfach im Behälter zu ziehen. Sie können jeden großen recycelten Kübel und Trog nutzen, solange er Dränagelöcher hat. Ein ausgeschlagener Kartoffelsack wirkt sehr rustikal und man kann ihn langsam hochrollen, während man mehr Erde einfüllt.

Verschiedene Saatkartoffeln, sowohl frühe als auch Haupterntesorten, erhalten Sie ab dem späten Winter im Gartencenter.

Erste Frühkartoffeln sind nach 14–15 Wochen erntereif, zweite Frühkartoffeln nach 15–17 Wochen und die Haupternte ist nach 17–20 Wochen soweit.

Die geernteten Kartoffeln der Haupternte kann man abbürsten, einige Stunden in der Sonne trocknen und dann in Papier- oder Jutesäcken lagern.

Soll es nur eine Art sein, nehmen Sie Frühkartoffeln, um immer frische Knollen zu haben.

1 Die Knollen vorkeimen
Beim Vorkeimen entwickeln die Knollen neue Triebe. Das beschleunigt den Wuchs. Die Knollen mit den meisten Augen nach oben in einen Eierkarton legen und einige Wochen an einen kühlen, hellen Ort stellen.

2 Einpflanzen
Einen durchlöcherten Abfallsack in den Leinensack stecken und 15 cm Erde einfüllen. Drei Knollen mit Abstand einsetzen, ohne die empfindlichen Keime (Triebe) zu verletzen, und mit Erde bedecken.

3 Anhäufeln
Sobald frische Blatttriebe erscheinen, mehr Erde bis dicht unter die Triebspitzen auffüllen und den Sack ein Stück hochrollen. Die Knollen vertragen kein Licht, sie werden sonst grün und ungenießbar.

ALLES ZU SEINER ZEIT ...

❉ **Frühstart** Frühkartoffeln im Spätwinter vorziehen. Für eine besonders frühe Ernte im Gewächshaus ziehen.

❉ **Haupternte düngen** Diesen Sorten fehlen am Ende Nährstoffe und sie müssen alle 14 Tage mit Flüssigdünger versorgt werden. Erste Frühkartoffeln brauchen keinen Dünger.

❉ **Blätter trocken halten** Unter den Blättern wässern, um Krankheiten wie Knollenfäule vorzubeugen.

❉ **Anhäufeln** Dabei werden einige der Blätter mit Erde bedeckt, aber das ist kein Problem, es folgen bald neue Triebe.

❉ **Ernten** Frühkartoffeln kann man ernten, wenn sie blühen, die Haupternte erst, wenn die Blätter gelb zu werden beginnen. Die Größe der Knollen vor der Ernte sanft in der Erde ertasten.

4 Die Ernte vorbereiten

Während der Wachstumssaison regelmäßig wässern. Sobald die Pflanzen erntereif sind, den Sack mit der Schere von oben her aufschneiden, um an die Kartoffeln zu gelangen.

Gartenkompost

Gute Komposterde ist entscheidend für die Bodenqualität und damit für die Gesundheit der Pflanzen. Man kann sie natürlich im Gartencenter kaufen, aber warum, wenn man doch schon alles Nötige dafür im Garten hat?

DIE IDEALE ZUSAMMENSETZUNG

Die Qualität der Komposterde hängt vom Anteil des braunen (kohlenstoffreichen) und grünen (stickstoffreichen) Materials im Komposthaufen ab. Ein Verhältnis von 50:50 schafft ideale Bedingungen für die beteiligten Mikroorganismen.

GRÜN
Der »weiche« Abfall besteht aus Blättern, einjährigen Unkräutern, rohen Küchenabfällen und ungekochten Obst- und Gemüseresten.

BRAUN
Der »harte« Abfall umfasst gehäckselte Zweige und Rückschnittreste sowie Papier, Karton, Pappe und Stroh.

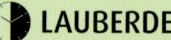

GRÜNSCHNITT
Zu viel Gras hindert die Mikroorganismen an der Arbeit. Mischen Sie Gras also besser zunächst mit dem braunen und grünen Abfall.

 LAUBERDE

Wenn Sie viele Bäume im Garten haben, können Sie das Laub im Herbst zusammenrechen und in Abfallsäcken sammeln. Verstauen Sie die Säcke in einer Ecke des Gartens und nach einem oder zwei Jahren haben Sie perfekte, krümelige Komposterde.

KOMPOSTSÄCKE
Das Laub muss feucht bleiben. Durchlöchern Sie die Säcke und lassen Sie sie stehen.

WENDEN UND AUSLEEREN

❋ **Mischen** Durch das Umsetzen des Komposthaufens kommt Luft unter das Material, was entscheidend für den Vorgang ist. Wenn der Haufen zu nass oder zu kompakt wird, verrottet das Material erheblich langsamer.

❋ **Ausleeren** Kompost kann im Sommer, wenn er schneller verrottet, binnen sechs Monaten fertig sein. Er ist gebrauchsfertig, wenn er dunkelbraun ist und eine krümelige, erdähnliche Struktur hat. Entnehmen Sie die fertige Komposterde immer von unten.

GUTE IDEEN

Komposterde kann in verschiedenen Behältern entstehen, von Tonnen bis zu offenen Haufen. Tonnen mit Deckel produzieren mehr Wärme und kompostieren schneller, aber offene Haufen sind leichter umzusetzen. Die geeignete Methode hängt ebenso sehr vom Platzangebot im Garten ab wie von der Abfallmenge, die Sie voraussichtlich kompostieren wollen.

SCHICKES BIENENHAUS
Diese attraktiven Komposter sollen wie traditionelle Bienenhäuser aussehen. Sie eignen sich für kleinere Gärten und für solche, die keine Möglichkeit bieten, den Komposter irgendwo zu verstecken.

TUMBLERTONNE
Diese Plastiktonnen gibt es in verschiedenen Größen. Sie werden in einem Rahmen aufgehängt, in dem man sie mühelos drehen kann, was das Belüften und Wenden des Materials enorm erleichtert.

KOMPLETTES RECYCLING
Offene Kompostkästen kann man aus Paletten und kräftiger Plastikfolie mit Belüftungslöchern zusammenbauen. Decken Sie den Kompost mit Karton oder Teppichresten ab, um die Wärme zu halten.

REIFENSTAPEL
Dies ist ein einfacher und preiswerter Weg zu einer Komposttonne. Wenn Sie abgefahrene Reifen in der Garage haben, stapeln Sie sie zu einer Tonne auf, die auch noch mit dem Kompost mitwachsen kann.

WURMFARM

Wenn Sie nur einen kleinen Garten oder nur wenig kompostierbare Abfälle haben, kann eine Wurmfarm, die Küchen- und Gartenabfälle binnen kurzer Zeit in wertvolle Pflanzennahrung verwandelt, Ihnen zu guter Komposterde verhelfen. Sie benötigen nur ein paar Kompostwürmer und eine spezielle Tonne.

PFLEGE DER WÜRMER
Starke Hitze, Kälte oder Nässe vermeiden. Nicht überfüttern und regelmäßig die Flüssigkeit (guter Dünger) abzapfen.

Gefällige Grenzen

Mauern, Zäune und Hecken bieten einen hübschen Hintergrund und sorgen für Privatsphäre im Garten. Aber solche Grenzen, ob nach außen oder im Garten selbst, benötigen auch Pflege. Glücklicherweise gibt es oftmals einfache Lösungen, mit denen man z. B. seinen Sichtschutz an der Terrasse verschönern oder eine trockene, schattige Ecke mit grünen Ranken und Mauerstauden attraktiv gestalten kann.

Hecken verschönern

Hecken bilden attraktive Begrenzungen – sowohl um den Garten als auch im Inneren – und bringen Farbe und Struktur. Ob hoch oder niedrig, sie sind ein hübscher Hintergrund für andere Pflanzen, und wenn sie aus Immergrünen bestehen, bringen sie Farbe in den winterlichen Garten. Alle Hecken wirken am besten, wenn sie gut in Form geschnitten sind. Ohne Pflege werden sie meist irgendwann unansehnlich, aber ein guter Schnitt sorgt wieder für Form und frischen Austrieb.

⚙ ELEKTRISCHE HECKENSCHERE

Elektrische Heckenscheren erleichtern das Schneiden großer Hecken, aber achten Sie auf Vogelnester. Die Klingen werden parallel zur Hecke und in weiten, geschwungenen Bewegungen von unten nach oben geführt. Tragen Sie immer Schutzkleidung und benutzen Sie nur stabile Leitern.

⚙ HAND-HECKENSCHERE

Für kleinere und kleinblättrige Hecken sind Hand-Heckenscheren ideal. Doch eine gerade, geometrische Formschnitthecke ist schwierig aus der Hand zu schneiden. Eine gespannte Schnur hilft bei der Orientierung. Führen Sie die Klingen immer parallel zur Schnittfläche.

SCHNELL ANS ZIEL ... «

❋ **Schnellschnitt** Wer keine Zeit hat, die gesamte Hecke zu schneiden, schneidet sie zunächst auf der Oberseite in Form. So wirkt sie schnell wieder kompakter.

❋ **Lücken füllen** Binden Sie bei einer kleinen Lücke zwei lange Triebe von den Seiten in der Mitte zusammen, um das Loch zu füllen. Nehmen Sie bei größeren Lücken die abgestorbene Pflanze heraus und setzen Sie eine bereits erwachsene neue Pflanze ein.

WELLENSCHNITT

Eine Hecke mit streng geschnittener Kontur kontrastiert mit einer informellen Pflanzung, wogende Formen sorgen aber für weichere Grenzlinien. Der Schnitt ausgefallener Formen braucht jedoch etwas Übung.

AKKU-HECKENSCHERE

Besonders praktisch sind Akku-Heckenscheren, wenn man keine Außensteckdose hat. Außerdem bieten sie mehr Sicherheit, da man sich nicht in einem Kabel verheddern oder es durchtrennen kann. Kleine, leichte Modelle eignen sich gut für Formschnitte.

◑ FORMSCHNITTSCHERE

Für einen exakten Formschnitt verwendet man am besten spezielle Formschnittscheren (links) oder Gartenscheren mit kurzen Klingen. Gönnen Sie Ihrer Hand bei solchen einhändigen Scheren häufige Pausen.

◑ GRÜNSCHNITT

Die Schnittreste sollten sofort entfernt werden, da die verrottenden Pflanzenteile Krankheiten begünstigen können. Mit der Hand oder einem Stock über die Hecke fahren, um Schnittreste zu lockern.

>> MIT ETWAS MEHR ZEIT ...

❊ **Hecken formen** Mit Formschnitten kann man eine Hecke interessant gestalten. Dekorativ sind Pyramiden oder Tierfiguren an den Heckenenden.

❊ **Gesunde Hecken** Achten Sie beim Schneiden hoher Hecken darauf, die Seiten leicht abzuschrägen, sodass die Hecke nach oben hin etwas schmaler wird. So kann eine schwere Schneedecke die Hecke im Winter nicht so leicht teilen und die Basis erhält mehr Licht.

Kreativ umzäunt

Schicke, gepflegte Zäune wirken sehr attraktiv. Ersetzen Sie morsche Pfosten und Bretter, geben Sie Ihrem Zaun mit Lasuren eine elegante Note und vereinheitlichen Sie ungleiche Teile mit Sichtschutzmatten oder Rankhilfen.

 ZAUNSPITZEN UND -KRONEN

Es ist recht einfach, einen schlichten alten Zaun z. B. mit Zaunkappen in Kugel- oder Eichelform auf den Pfosten aufzupeppen, und ein wenig Farbe oder auch eine angeschraubte Rankhilfe können Wunder wirken.

SPITZENMÄSSIG
Ein Loch oben in die Pfosten bohren und eichelförmige Zaunkronen aus dem Baumarkt mit Schrauben befestigen.

VERJÜNGT
Zaunfarbe trägt man am besten mit Pinsel oder Farbrolle auf unbehandeltes oder verwittertes Holz auf.

RANKGITTER
Eine Lücke über einem Sichtschutzzaun wirkt luftiger, wenn man sie mit einem Rankgitter schließt.

WEIDENGEFLECHT
Eingeweichte oder frisch geschnittene Weidenzweige lassen sich leicht durch Zaunlatten flechten.

 **SICHTSCHUTZ**

Sichtschutzmatten sind in ganz unterschiedlichen Ausführungen erhältlich, ob aus Reisig, hellen Weidenzweigen oder traditionell aus Bambus. Mit ihnen lassen sich ungleiche Zaunteile vereinheitlichen und sie ergeben einen schönen Hintergrund.

VERSCHIEDENE EBENEN

Hier wurde ein schmuckloser Zaun mit einer Sichtschutzmatte und einem eleganten Spaliergitter in einen interessanten Hintergrund für einen hübschen Formschnitt-Hochstamm verwandelt.

HÜBSCHE IDEEN

Sichtschutz, Zäune und Spaliere sind nicht nur nützlich, sondern können auch als Deko-Elemente dienen. Setzen Sie Farben, Lasuren, Dekor und Pflanzen fantasievoll ein. Diese Fassadenbepflanzung aus Roter Johannisbeere mit darunter gepflanzten Erdbeeren ist ein sehr attraktives und einfaches Beispiel.

PFIFFIGE IDEEN

Zäune lassen sich mit den unterschiedlichsten Dingen verschönern, sie müssen nur wasserfest und frostsicher sein. So können Sie Themenbereiche schaffen.

GRELLE FARBEN

Mit einem auffällig gestrichenen Rankgitter können Sie auf einer schattigen Terrasse einen hellen Akzent setzen – sei es als Blickfang oder als Pflanzhintergrund.

VERSCHIEDENE TÖNE

Ein Zaun, dessen Latten jeweils in einem anderen Braun- oder Grauton gestrichen ist, wirkt modern und elegant – und führt Farbreste einer sinnvollen Verwendung zu.

Kühle Ecken

Häufig bekommen kühle, schattige Ecken zu keiner Tageszeit volle Sonne. Dennoch können sie genauso bunt gestaltet werden wie ein sonniger Standort. Solche kühlen Standorte sind ideal für Schatten tolerierende Pflanzen mit panaschierten Blättern oder hellen Blüten. Die hier vorgestellten Sträucher und krautigen, staudigen oder kletternden Waldpflanzen sind gut dafür geeignet.

◑ SCHICKE OPTIK

Pflanzen Sie zu einer Seite des Brunnens eine *Clematis henryi* (Pflanzanleitung S. 150–151) und auf der anderen Seite Efeu (*Hedera colchica* 'Sulphur Heart'). Setzen Sie rund 60 cm neben den Efeu, also mit Abstand zum Wasser, eine Rambler-Rose 'Albéric Barbier'. Pflanzen Sie einen Fächer-Ahorn (*Acer palmatum*) vor den Efeu, sodass seine Äste über den Brunnen ragen und ihn einrahmen. Auf die andere Seite setzen Sie schließlich noch ein paar Fingerhüte.

CLEMATIS-SAMMLUNG
Clematis, beispielsweise *Clematis henryi*, sind ideal für kühlere Standorte: Sie lieben Sonne, haben aber gerne beschattete Wurzeln. In gut durchlässigen Boden pflanzen und stützen.

SCHATTENGEHÖLZE
Die Sorten des Fächer-Ahorns (*Acer palmatum*) gedeihen gut an vor praller Sonne geschützten Standorten. Die roten Sorten benötigen aber etwas Sonne, um ihre Blattfarbe auszubilden.

STARKER HALT
Kletterpflanzen, wie Efeu, können Mauern und Wände ohne jegliche Rankhilfe überwuchern. Mehrfarbige Sorten, wie etwa *Hedera colchica* 'Sulphur Heart', hellen dunkle Wände auf.

LETZTE HANDGRIFFE

In einem schattigen Garten ist Sonnenlicht oft rar, aber mit ein paar Tricks
lassen sich dunkle Ecken mit Pflanzen
und anderen Accessoires aufhellen.

❋ **Funkelnde Kaskade** Wasser, das aus einer alten
Pumpe in ein Becken strömt, glitzert schon bei
wenig Licht. Eine moderne Variante sind Wasser-
skulpturen aus Edelstahl.

❋ **Brunnenrand bepflanzen** Lockern Sie Kanten
von Mauern mit schattentoleranten, feuchtig-
keitsliebenden Pflanzen auf. Wählen Sie Pflanzen,
die langsam wachsen und hell sind, also Sorten
mit weißen Blüten (z. B. *Calla palustris*) oder mit
golden panaschierten Blättern.

❋ **Farn im Fokus** Farne sind ein dekorativer Hintergrund für Blütenpflanzen, und als Immergrüne
bieten sie auch im Winter Farbe.

❋ **Lichte Momente** Nutzen Sie jegliches Licht aus.
Wählen Sie helle Blüten und Blätter und legen Sie
helle Platten, die das Licht reflektieren.

MEHR AUSWAHL

CLEMATIS-SAMMLUNG *Clematis alpina*,
C. macropetala, *C. montana*, *C.* 'Ernest Markham',
C. 'Perle d'Azur', *C.* 'Jackmanii'

SCHATTENGEHÖLZE *Jasminum nudiflorum*,
Hydrangea macrophylla, *Skimmia japonica*
'Rubella'

STARKER HALT *Parthenocissus henryana*,
Hydrangea anomala subsp. *petiolaris*, *Hedera
colchica* 'Dentata Variegata'

WALDBLUMEN *Geranium nodosum*, *Geranium
phaeum* 'Album', *Anemone × hybrida* 'Honorine
Jobert', *Campanula persicifolia*

TOLERANTE ROSEN *Rosa* 'Zéphirine Drou-
hin', *R.* 'Bleu Magenta', *R.* 'Danse du Feu', *R.*
'Madame Alfred Carrière', *R.* 'New Dawn'

WALDBLUMEN

Waldpflanzen, wie der Fingerhut (*Digitalis*),
sorgen in dunklen Ecken für kräftige Farbe.
Aufgrund ihrer Herkunft bevorzugen sie gut
dränierten Boden und Schatten.

SCHATTENROSEN

Es gibt einige schattentolerante Rosen, die
dunkle Bereiche nicht nur mit Farbe, sondern
auch mit Duft füllen. Weiße oder hellblütige
Rambler, wie *Rosa* 'Albéric Barbier', sind ideal.

Warme Ecken

Dies ist der Standort, von dem jeder Gärtner träumt: ein warmer Fleck, an dem viele beliebte, auch exotische Pflanzen mit wenig Aufwand gedeihen. In einer sonnigen, geschützten Ecke lassen sich mediterrane Pflanzungen voller prächtiger Blüten- und Blattfarben und mit hübschen Kletterpflanzen sowie einem Zitrusbaum oder Wein als zentralem Blickfang anlegen.

🕐 SCHICKE OPTIK

Erziehen Sie einen in Ihrem Klima winterharten Wein (*Vitis vinifera*) an der Wand (Kletterer pflanzen, S. 150–151). Rechts davon platzieren Sie eine Meyers Zitrone im Kübel und rechts daneben eine robuste Pfirsichsorte, wie 'Peregrine', die an einem Fächer erzogen wurde. Befestigen Sie den Fächer mit Draht. Pflanzen Sie davor fünf Brennende Lieben (*Lychnis chalcedonica*) und links davor drei *Dahlia* 'David Howard'.

SCHÖNER WEIN

Außer in sehr kalten Klimaten gedeiht Wein praktisch überall. Es gibt eine Vielzahl winterharter Sorten, die an einer sonnigen, warmen Wand reichlich Trauben tragen.

FRUCHTIG

Wer einmal einen Pfirsich aus dem eigenen Garten gekostet hat, wird nie wieder Supermarktware wollen. Eine sonnige Wand und guter Winterschutz belohnen Sie reich.

MEDITERRANE ERNTE

Nichts duftet köstlicher als Zitrusblüten an einem Sommertag. Limetten, Zitronen und Orangen lieben Wärme und müssen drinnen überwintert werden.

LETZTE HANDGRIFFE

Bringen Sie mit einfachen Veränderungen einen Hauch von Mittelmeer in Ihren Garten und fühlen Sie sich an warmen Sommertagen wie im Süden.

❊ **Weiße Wände** Strahlend weiße Wände sind typisch für die heißen südlichen Länder. In der Sonne leuchtend sind sie ein wunderbarer Hintergrund für Blattwerk.

❊ **Ein wenig Terrakotta** Belegen Sie Mauern mit warmen Terrakotta-Schindeln oder setzen Sie warme orangefarbene Akzente durch Kübel an Wegrändern und auf Balkon und Terrasse sowie mit Kübelpflanzen in Beeten und Rabatten.

❊ **Schicke Fensterläden** Hölzerne Fensterläden an der Wand erinnern an südliche Länder. Wenn sie schwenkbar montiert sind, können Sie einen Spiegel dahinter hängen, in dem sich der Garten dann optisch fortsetzt.

❊ **Farbe** Winterharte Pflanzen sorgen mit Laub und Blüten das gesamte Jahr hindurch für Helligkeit und Wärme.

MEHR AUSWAHL

SCHÖNER WEIN Weinrebe 'Brandt', 'Perlette', 'Phoenix', 'Pinot Noir', 'Siegerrebe', 'Boskoop Glory'

FRUCHTIG Pfirsich 'Rochester', 'Peregrine'; Nectarine 'Lord Napier', 'Early Rivers'

MEDITERRANE ERNTE Meyers Zitrone (*Citrus × meyeri* 'Meyer'), 'Garey's Eureka'; Persische Limette (*Citrus × latifolia*); Orange 'Washington'; Calamondin-Sorte 'Tiger'

HEISS BEGEHRT *Crocosmia* 'Hellfire', *Dahlia* 'Grenadier', *Canna indica*, *Achillea* 'Paprika'

BLÜTENPRACHT *Hemerocallis* 'Corky', *Helenium* 'Moerheim Beauty', *Achillea* 'Walther Funcke', *Rudbeckia fulgida* var. *sullivantii* 'Goldsturm'

HEISS BEGEHRT

Einst als altbacken abgetan, erfreuen sich Dahlien heute wieder großer Beliebtheit. Sehr populär sind die orangefarbenen Blüten und dunklen Blätter von *Dahlia* 'David Howard'.

BLÜTENPRACHT

Die Brennende Liebe (*Lychnis chalcedonica*) ist eine der auffälligen Blüten in dieser Pflanzung. Sie liebt Sonne und feuchten Boden und blüht bei regelmäßigem Ausputzen über Wochen.

Kletterer pflanzen

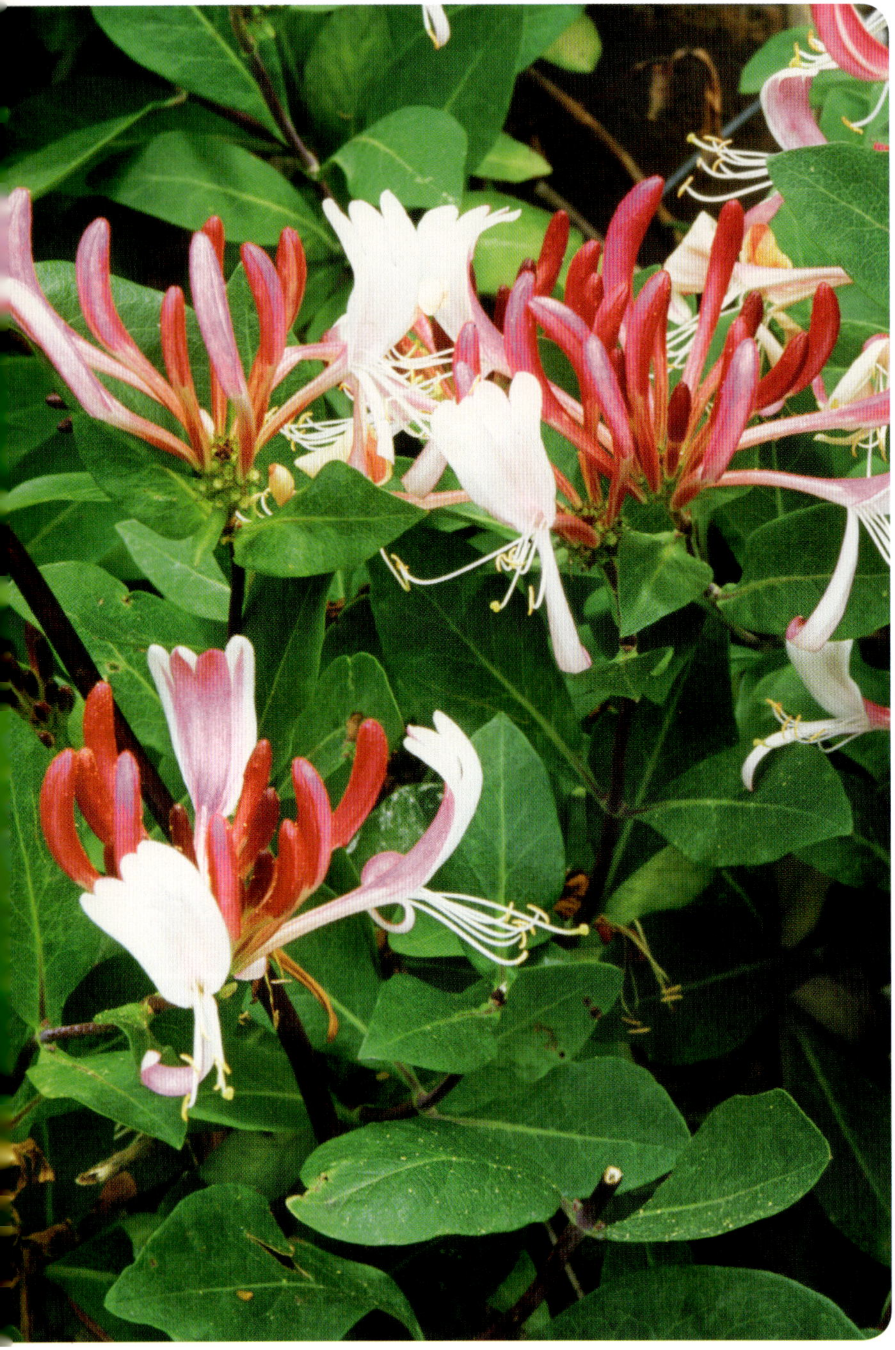

PFLANZEN & MATERIAL

- Abgelagerter Stallmist oder Komposterde
- Langzeitdünger; Universaldünger
- Pflanzstäbe (z. B. aus Bambus)
- Weiche Gartenschnur und Haushaltsschere
- Gartenschere
- Kletterpflanze (im Bild Wald-Geißblatt *Lonicera periclymenum* 'Serotina')
- Rindenhäcksel zum Mulchen (nach Wunsch)

Wer seine Kletterpflanzen mit Bedacht pflanzt und anbindet, wird mit einem gleichmäßigen, schönen und schnellen Wuchs über Wände, Zäune und Spaliere belohnt. Die meisten Kletterer schießen, wenn man sie lässt, in die Höhe – der Sonne entgegen. Aber während die Pflanzen all ihre Kraft in den Wuchs an der Spitze investieren, werfen sie unten ihre Blätter ab.

Damit die Pflanze kräftiger und dichter wird, sollte sie direkt nach dem Einpflanzen gestutzt werden, auch wenn das manchmal drastisch erscheint. Auch die großblütigen Clematis sollten über zwei kräftigen Knospen auf etwa 30 cm Höhe zurückgeschnitten werden.

1 Drähte spannen

Schraubösen in die Zaunpfosten schrauben. Die Löcher bei Bedarf vorbohren. Verzinkten Gartendraht straff durch die Ösen ziehen und verdrillen. Auf diese Weise mehrere Drähte mit 45 cm Abstand spannen.

2 Den Boden vorbereiten

Mit Stallmist oder Komposterde und Dünger den Boden aufbereiten. Damit die Pflanze nicht im Regenschatten des Zauns steht, das Pflanzloch mindestens 45 cm davor ausheben. Die Pflanzstäbe platzieren.

3 Die Pflanze einsetzen

Die Pflanze leicht schräg ins Pflanzloch setzen und gegen die Pflanzstäbe lehnen. Der Wurzelballen sollte mit dem umliegenden Boden bündig abschließen. Das Pflanzloch auffüllen, Stäbe gut eindrücken.

4 Pflanze anbinden

Die Triebe von den mitgelieferten Stäben lösen und einzeln mit Gartenschnur über den Bambusknoten an die Pflanzstäbe binden. So rutschen die Achterschlaufen nicht nach unten.

5 Mit Rinde mulchen

Die Pflanze und ihre Umgebung kräftig wässern, dann eine mehrere Zentimeter dicke Schicht Rindenmulch um die Pflanze herum verteilen, aber einen Bereich um die Pflanzenbasis herum frei lassen.

MEHR AUSWAHL

❋ **Schönes Laub** Gold-Hopfen (*Humulus lupulus* 'Aureus'), violettblättrige Weinrebe (*Vitis vinifera* 'Purpurea'), panaschierter Kolchischer Efeu (*Hedera colchica* 'Dentata Variegata')

❋ **Reiche Blüte** *Clematis* 'Bill MacKenzie', *Clematis* Jackmanii-Gruppe, z. B. 'Niobe', *Clematis-viticella*-Sorten, z. B. 'Polish Spirit' und 'Madame Julia Correvon', Blaue Passionsblume (*Passiflora caerulea*)

❋ **Schneller Bewuchs** Chinesische Jungfernrebe (*Parthenocissus henryana*), *Clematis montana* 'Elizabeth', *Clematis tangutica*, *Lonicera japonica* 'Halliana', Rambler-Rosen

❋ **Duftwolke** Echter Jasmin (*Jasminum officinale*) und Chinesischer Sternjasmin (*Trachelospermum jasminoides*), beide nur für warme, geschützte Standorte, weißer Blauregen (*Wisteria sinensis* 'Alba')

Leuchtende Wände

Bereiche, die nur schlecht begrünt werden können, wie etwa nah am Haus, lassen sich mit Farbe aufhellen, und bunte Wände und Zäune schaffen eine einladende Atmosphäre. Mit der richtigen Zusammensetzung an Farben, Möbeln und anderen Dekorelementen, wie Türen, Rankhilfen oder Pergolen, kann man eine ganz bestimmte Stilrichtung vorgeben.

◑ SCHICKE OPTIK

Wählen Sie eine Wand als Blickfang aus (Dekorative Wände und Zäune, S. 86–87). In warmen, sonnigen Bereichen wirken warme Orange-, Rot- oder Gelbtöne besonders gut. In kühleren, schattigeren Ecken hat das Licht einen bläulichen Stich, weshalb hier Blaurottöne oder erdige Orangetöne und sattes Blau ihre Strahlkraft entfalten. Setzen Sie kleinere Elemente, wie Möbel, Türen oder Rankgitter, in einer Kontrastfarbe ab.

LEUCHTENDE AKZENTE

Mit ihrem satt kornblumenblauen Anstrich werden die Tür, der Stuhl und die Bank zum Blickfang. Sie bieten einen kühlen Kontrast zur leuchtend orangefarbenen Wand.

ELEGANTES DETAIL

Der kleine Mauerabsatz ist mit einem Band aus strahlend weißen und schwarzen Kieseln verziert. Sie erinnern an Strandkiesel und unterstreichen das mediterrane Thema.

KONTRASTREICHE STRUKTUR

Von weißem Rauputz umrahmte, unverputzte Steine oder Ziegel sorgen in diesem Innenhof für einen rustikalen Charme und ziehen die Blicke auf sich.

LETZTE HANDGRIFFE

Mit der Farbauswahl kann ein Thema geschaffen werden. Die hier verwendeten Farben sorgen für eine mediterrane Stimmung, die durch Möbel und andere Elemente noch verstärkt wird.

❋ **Weiteres Dekor** Hier wurde Steingut in Weiß und Blau als Wandschmuck aufgehängt. Ein paar Mosaikfliesen würden die Wand ebenso hübsch verzieren (S. 40–41).

❋ **Überwachsene Pergola** Die leuchtend rosafarbene *Bougainvillea* spendet dem Gartentisch durchbrochenen Schatten. In frostgefährdeten Regionen wählt man besser winterharte Weinreben oder die immergrüne *Clematis armandii*.

❋ **Aufgemöbelt** Alte, abgestoßene Küchenstühle und Tische können mit Grundierung und einer wetterfesten Farbe aufgefrischt werden.

❋ **Töpfe und Kübel** Terrakottatöpfe in verschiedenen Formen und Größen – teils bepflanzt, teils leer – runden das Bild ab.

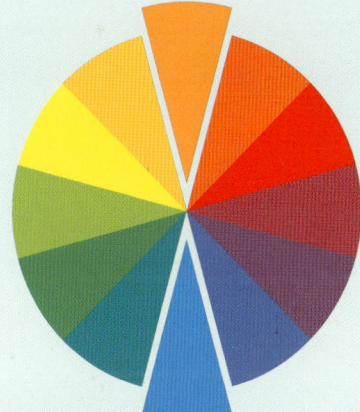

FARBTHEMA
Schon wenig Farbe erzielt hier große Wirkung. Das leuchtende Orange lässt an Sonnenschein und Wärme denken und ist ein schöner Hintergrund für die kletternde *Bougainvillea*.

STOFFE UND MÖBEL
Die hellen Stuhlbezüge wiederholen das Weiß der Wände. Mit farbigen Stoffen könnten aber ebenso gut neue Wechselwirkungen zwischen Architektur und Möbeln entstehen.

FARBRÄDER
Sehr hilfreich sind Farbräder, da sie zeigen, welche Farben gut zueinander passen. Hier wurden die auf dem Farbrad gegenüberliegenden Komplementärfarben gewählt: das kühle Blau und das feurige Orange. Nebeneinanderliegende Farben wirken harmonischer.

Grüne Grenze

Manchmal ist der Blick über die Grenzen des Gartens hinaus zu schön, um ihn völlig zu verstellen. Zwar möchte man schon eine gewisse Abgeschlossenheit haben, aber mit geschickter Pflanzung kann man die Grenzen verschwimmen lassen. Daneben lassen sich mit entsprechenden Pflanzen auch innerhalb des Gartens schöne Räume schaffen.

🕐 SCHICKE OPTIK

Bereiten Sie den Boden gründlich auf (S. 8) und wässern Sie die Pflanzen vor. Setzen Sie dann rechts außen eine Zierkirsche und links außen einen Europäischen Perückenstrauch. Pflanzen Sie dazwischen fünf *Miscanthus sinensis* 'Malepartus' links und fünf *Molinia caerulea* subsp. *arundinacea* rechts. Hinter die Gräser kommen fünf Wasserdoste. Drücken Sie die Erde an, wässern Sie und mulchen Sie mit Rindenhäcksel.

HOCH HINAUS
Der wildblumenartige Wasserdost (*Eupatorium purpureum*) erhebt seine Blütendolden über die umgebenden Pflanzen und lockt mit ihnen Schmetterlinge an.

BAUMGRENZE
Die Zierkirsche (*Prunus*) trägt im Herbst ein spektakulär gefärbtes Laub und treibt im Frühling anmutige rosafarbene oder weiße Blütenzweige.

STOLZE BÜSCHEL
Die schlanken Büschel des Silber-Chinaschilfs (*Miscanthus sinensis* 'Malepartus') dunkeln mit der Zeit nach und greifen damit das dunkle Laub der Nachbarn auf.

LETZTE HANDGRIFFE

Die Pflanzen in diesem Beet sollen die herbstliche Pracht des Walds unterstreichen und das Auge sanft in die »ausgeliehene« Landschaft ziehen.

❋ **Sichtschleier** Die Blütenzweige und Blätter bestimmter hoher Gräser und Stauden lassen die Landschaft dahinter noch erkennen, sorgen aber für ein Gefühl der Abgeschlossenheit.

❋ **Eingerahmt** Rahmen Sie einige besonders schöne Ausblicke mithilfe von Baum- oder Strauchzweigen ein.

❋ **Mehr Tiefe** Pflanzen Sie in langen, sich überschneidenden Streifen, um ein Gefühl der Tiefe zu erzeugen, die mehr Abwechslung in einem schmalen Beet erlaubt.

❋ **Gut getarnt** Ein niedriger Drahtzaun gibt zusätzliche Sicherheit entlang der Grundstücksgrenze und ist hinter Pflanzen fast unsichtbar.

MEHR AUSWAHL

HOCH HINAUS Rudbeckia laciniata 'Herbstsonne', *Echinops ritro, Verbena bonariensis, Veronicastrum virginicum* 'Album'

BAUMGRENZE Essigbaum (*Rhus typhina*), *Prunus subhirtella* 'Autumnalis Rosea', *Magnolia* × *soulangeana, Cotoneaster frigidus* 'Cornubia', Vielblütiger Apfel (*Malus floribunda*)

STOLZE BÜSCHEL *Aruncus dioicus, Calamagrostis* × *acutiflora* 'Karl Foerster', *Cortaderia selloana* 'Pumila', *Miscanthus sinensis* 'Silberfeder'

SATTE FARBEN *Physocarpus opulifolius* 'Diabolo', *Photinia* × *fraseri* 'Red Robin', *Cercis canadensis* 'Forest Pansy', *Fothergilla major*

DUFTIGES GRAS *Deschampsia cespitosa, Stipa gigantea, Panicum virgatum, Anemanthele lessoniana*

SATTE FARBEN
Im Sommer trägt der Perückenstrauch (*Cotinus coggygria* 'Royal Purple') wolkenartige Blütenbüschel. Die runden Blätter verfärben sich satt, bevor sie im Spätherbst fallen.

DUFTIGES GRAS
Die duftigen Blütenstände von Pflanzen, wie dem Rohr-Pfeifengras (*Molinia caerulea* subsp. *arundinacea*) und seinen Sorten, schaffen wunderbar luftige Grenzen.

Tierwelt
im Garten

Bienen, Vögel und Schmetterlinge beleben einen Garten und bereichern ihn. Mit ein paar einfachen Veränderungen und einigen neuen Pflanzen können Sie viel mehr der kleinen Gäste in Ihren Garten locken. Und keine Angst, Sie müssen dazu nicht dem Unkraut den Vorrang lassen oder auf bunte Blüten verzichten. Die meisten Bepflanzungen, die für Wildtiere attraktiv sind, sind auch ausgesprochen hübsch.

Lebensräume

Wenn Sie die heimische Tierwelt in Ihren Garten einladen, werden Sie reich dafür belohnt. Sie können nicht nur den Anblick der fleißigen Tiere genießen, sondern auch sicher sein, dass sie Ihnen die Arbeit erleichtern!

🌐 BEETE MIT WILDBLUMEN

Nützlinge und Insekten, die Ihre Pflanzen bestäuben, wie etwa Bienen, Hummeln und Schmetterlinge, lassen sich einfach mit Beeten voller Wildblumen anlocken.

🌐 KRÖTEN UND FRÖSCHE

Kröten und Frösche sind die besten Freunde des Gärtners. Sie fressen nicht nur genüsslich viele schädliche Insekten, sondern lieben auch Schnecken. Mit kühlen, dunklen Verstecken, wie umgedrehten Blumenkübeln, Holzstapeln und Steinen an einem Teich, kann man sie ganz einfach willkommen heißen.

🌐 WASSER IM GARTEN

Wasser lockt viele Tiere an. Zunächst kommen kleine Insekten, denen Libellen, Vögel, Amphibien und Fledermäuse nicht widerstehen können. Der Teich sollte zumindest ein seichtes Ende haben, um gut zugänglich zu sein. Besonders verlockend wirkt ein Teich an einer sonnigen, windgeschützten Stelle.

SCHNELL ANS ZIEL ... «

❊ **Nicht zu ordentlich** Ein säuberlich »aufgeräumter« Garten ist nichts für Tiere, denn er bietet keine Versteckmöglichkeiten. Mehr Gäste kommen, wenn Sie nur wenig zurückschneiden.

❊ **Holzstapel** Ein flacher Graben in einer schattigen Ecke mit aufgestapelten Holzscheiten oder

geschnittenen Ästen ist ein Paradies für Käfer und andere Nützlinge. Wenn das Holz zum Teil im Boden liegt, werden sie bald einziehen.

❊ **Nektarquellen** Schnell wachsende einjährige Blumenmischungen, in Beetlücken gesät, versorgen Bienen und Schwebfliegen mit Nektar.

🌓 GRÜNE DÄCHER
Begrünte Dächer sind nicht nur attraktiver als harte Oberflächen, sondern auch ein idealer Lebensraum für nützliche Insekten. Setzen Sie Pflanzen auf ein vorbereitetes Dach oder nutzen Sie fertige Pflanzmatten.

🌓 BÄUME UND HECKEN
Bäume und Hecken laden Vögel ein, ihre Nester zu bauen, nach Nahrung zu suchen und vor Wind, Wetter und Räubern in Deckung zu gehen. Achten Sie vor dem Rückschnitt auf bewohnte Nester.

🌓 NISTBEUTEL
Diese aus natürlichen Materialien geflochtenen Nistbeutel bieten kleinen Vögeln an einem vor Wind und voller Sonne geschützten Ort ein warmes und vor Wetter und Räubern sicheres Nest.

🌓 KLEINTIERHAUS
Eine Holzkiste oder ein kleines Holzhaus in einer ruhigen Ecke des Gartens wird nicht lange unbewohnt bleiben.

>> MIT ETWAS MEHR ZEIT ...

❋ **Mehr Lebensräume** Planen Sie nach Lage und Beschaffenheit Ihres Gartens, wo Sie Nistkästen, Teiche oder Moorbeete anlegen können.

❋ **Gepflanzter Aussichtspunkt** Bieten Sie Vögeln mit einem schnell wachsenden oder schon hohen Strauch oder Baum einen sicheren Ansitz.

❋ **Immer hereinspaziert** Achten Sie darauf, dass die Zäune Ihres Grundstücks durchlässig genug sind, um kleinen Tieren Zugang zu gewähren.

Kleines Sumpfbeet

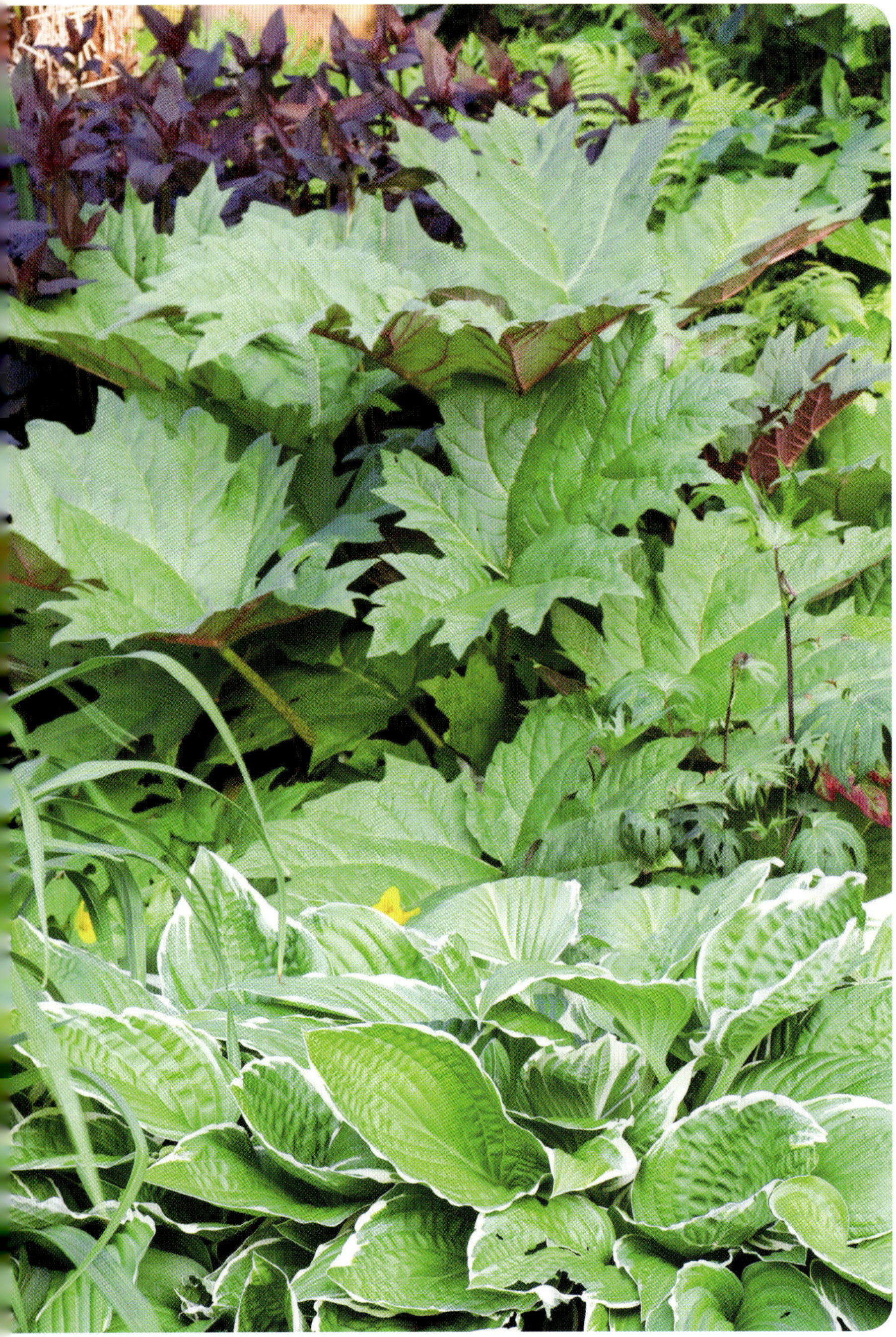

PFLANZEN & MATERIAL

- Bambus-Pflanzstäbe und Gartenschnur
- Kunststofffolie
- Abgelagerter Stallmist oder Komposterde
- Kieselsteine
- Feuchtigkeitsliebende Pflanzen (z. B. Handlappiger Rhabarber (*Rheum palmatum*), *Hosta*, Niedere Moorbinse (*Isolepis cernua*), *Acorus gramineus* 'Variegatus', Japanische Sumpf-Schwertlilie (*Iris ensata*), *Lysimachia ciliata* 'Firecracker', *Houttuynia cordata* 'Chameleon')

Sumpfbeete sind eine praktische Alternative, wenn Sie kleine Kinder haben und deswegen keinen Teich wollen. Sumpfbeete bieten Fröschen, Kröten und Molchen ein schönes Zuhause, denn unter dem üppigen Grün finden sie Schutz, Feuchtigkeit und reichlich Nahrung.

Ein Sumpfbeet neben einem Teich kombiniert zwei Lebensräume und bietet jungen Fröschen Rückzugsraum. Der feuchte Boden erlaubt Ihnen zudem, viele Pflanzen anzubauen, die Bienen und andere Insekten mit Nektar und Pollen verwöhnen.

Arbeiten Sie abgelagerten Stallmist oder Komposterde in den Boden ein, damit er die Feuchtigkeit besser halten kann.

1 Einen Standort auswählen

Der Standort sollte hell sein. Eine natürliche Senke ist ideal. Von einem Sumpfbeet in Teichnähe sollte kein Wasser in den Teich laufen können, da dieser sonst überdüngt wird und veralgt. Zuerst einen Kreis ziehen.

2 Den Boden vorbereiten

Gras und sonstige Pflanzen entfernen. Die Erde so tief ausheben, dass der größte Wurzelballen in die Mitte hineinpasst. Die ausgehobene Erde zum späteren Auffüllen der Mulde mit Komposterde mischen.

3 Die Folie auslegen

Die Mulde mit Kunststofffolie auslegen. Damit das Wasser sich nicht staut, die Folie in der Mitte mehrfach mit der Forke einstechen. Die Mulde mit der mit Kompost versetzten Erde wieder auffüllen.

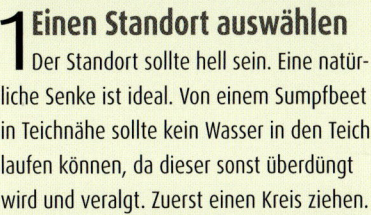

4 Das Moorbeet bepflanzen

Eine großblättrige Pflanze, wie Handlappigen Rhabarber (*Rheum palmatum* 'Atrosanguineum') in die Mitte setzen und mit Sumpfbeetpflanzen umgeben. Das Beet mit Kieseln einfassen.

5 Gründlich wässern

Die Erde benötigt etwas Zeit, um sich zu setzen, darf aber nicht fest angedrückt werden, denn sonst wird sie verdichtet und kann keine Feuchtigkeit mehr aufnehmen. Gründlich wässern.

GEEIGNETE PFLANZEN

❋ **Astilben**

❋ **Steife Segge** (*Carex elata* 'Aurea')

❋ **Kriechender Günsel** (*Ajuga reptans*)

❋ **Etagen-Primeln** (*Primula pulverulenta, Primula beesiana, Primula bulleyana*)

❋ **Schildblatt** (*Darmera peltata* 'Nana')

❋ **Gefleckter Wasserdost** (*Eupatorium maculatum*)

❋ *Ligularia* 'The Rocket'

❋ *Ligularia dentata* 'Desdemona'

❋ **Blut-Weiderich** (*Lythrum salicaria* 'Blush')

❋ **Kuckucks-Lichtnelke** (*Lychnis flos-cuculi*)

❋ *Stachys palustris*

❋ **Bach-Nelkenwurz** (*Geum rivale* 'Leonard's Variety')

Bienen & Hummeln willkommen

Bienen und Hummeln lieben verwilderte Gärten. Lassen Sie einfach ein Beet »verwildern«, indem Sie abgefallene Blätter liegen lassen, nicht jäten und dort verschiedene nektar- und pollenreiche Wildblumen aussäen.

BIENENHOTEL

Ein sonniger, geschützter Fleck in der Nähe von nektar- und pollenreichen Blumen ist der ideale Standpunkt für ein Bienenhotel. Einige Wildbienen legen ihre Eier in Löcher im Holz und viele Hummeln nutzen leere Nagerhöhlen zur Eiablage.

NEUE WOHNUNGEN

Ein Insektenhotel (oben) bietet Bienen und anderen Insekten verschiedene Schutz- und Nistgelegenheiten. Ziegel, Dachschindeln, Abflussrohre und vorgebohrte Holzstücke werden mit unbehandelten Brettern aufeinandergeschichtet und mit Heu, Vlies oder Tierhaaren ausgepolstert.

SO GEHT'S

❋ **Bienenhotel** Mauerbienen legen ihre Eier in hohle Stängel. Aus Bambusstöcken lässt sich daher ein perfektes Bienenhotel basteln. Etwas Knete in einen Blumentopf geben und kurze Bambusstücke abschneiden und in den Ton drücken. Die Töpfe im Frühjahr an Bäumen oder mit Haken an der Mauer aufhängen.

IDEALE WAHL

Stauden, wie Rittersporn, Mohn, Königskerze, Glockenblume, Himmelsleiter und Witwenblume, locken Bienen und Hummeln an, ebenso robuste einjährige Pflanzen, wie Büschelschön und Wildblumen. Auch die meisten Kräuter sind für sie unwiderstehlich.

STORCHSCHNABEL

Eine sehr beliebte Sorte dieser klassischen Cottage-Garten-Pflanze ist *Geranium* 'Johnson's Blue', auf der sich stets Bestäuber tummeln.

KOKARDENBLUME

Die zweifarbigen Blütenköpfe der *Gaillardia* blühen den ganzen Sommer hindurch, wenn man sie ausputzt, und locken Bienen und Schmetterlinge an.

BACH-KRATZDISTEL

Cirsium rivulare 'Atropurpureum' ist nicht so stachelig wie wilde Disteln und blüht im Sommer. Sie bevorzugt Feuchtigkeit haltenden Boden.

LAVENDEL

Diese Stauden sind die Lieblinge der Bienen und Hummeln. Wenn man verschiedene Sorten an einem hellen, gut dränierten Standort pflanzt, breiten sie sich schnell aus. Echter Lavendel ist winterhärter und sät sich selbst aus.

SCHOPFLAVENDEL

Lavandula pedunculata subsp. *pedunculata* blüht den ganzen Sommer hindurch, *L. stoechas* bildet herrlich geschopfte Blüten.

ECHTER LAVENDEL

Die Sorten von *Lavandula angustifolia* blühen ab Mitte des Sommers in Pastelltönen bis in den Spätsommer hinein.

Gedeckter Tisch für Vögel

Staudenrabatten und Präriepflanzungen bieten Vögeln, die sich von Samen ernähren, im Herbst und Winter reichlich Nahrung. Putzen Sie einfach ab dem Spätsommer alte Blüten nicht mehr aus, damit sich Samen bilden. In Gruppen gesetzte Pflanzen sind besonders verlockend.

ANPFLANZEN

Die Früchte dieser Pflanzen schätzen Vögel besonders. Setzen Sie drei bis fünf von jeder Art zusammen mit Ziergräsern, wie *Calamagrostis × acutiflora* 'Karl Foerster' oder *Stipa gigantea*, in eine sonnige Ecke des Gartens, möglichst im Schutz größerer Sträucher. Oder pflanzen Sie Gruppen von drei bis fünf in Beete und Rabatten.

SONNENHUT
Ungefüllte Formen von *Rudbeckia hirta* sind im Frühsommer als vorgezogene Pflanzen erhältlich.

KOSMEE
Die hohe Einjährige ist im Frühjahr in Anzuchttabletts oder später im Jahr als Einzelpflanze im Handel.

SCHEINSONNENHUT
Die sommerblühende *Echinacea purpurea* gedeiht auf nährstoffreichem, nicht zu trockenem Boden.

SÄEN

Manche Pflanzen sind fast nur als Samen erhältlich, aber einfach zu ziehen. Die meisten robusten Einjährigen und Stauden, wie Wilde Karde (*Dipsacus fullonum*) und Nachtkerze (*Oenothera biennis*), werden von Frühjahr bis Frühsommer direkt in den Boden gesät. Wählen Sie eher ungefüllte als gefüllte Formen.

SONNENBLUMEN
Säen Sie mittelgroße bis große Sonnenblumen im Frühjahr in kleine Töpfe oder Anzuchtschalen.

SO GEHT'S

❋ **Fettfutter** Kokosfett zerlassen und mit Samen mischen. Mit Schnur in einen Joghurtbecher geben, aushärten und aufhängen.

❋ **Früchte und Nüsse** Früchte und Nüsse mit der Nadel auffädeln. Fallobstäpfel aufschneiden und mit Schnur zu Ketten binden.

❋ **Sonnenblumen** Alte Blüten abschneiden und an Schnüren aufhängen.

IDEALE WAHL

Schon einzelne Pflanzen, die Beeren oder andere Früchte tragen, sind wertvolle Futterquellen für Vögel. Auch für kleine Stadtgärten sind die attraktiven Pflanzen geeignet. Sträucher, Bäume und Kletterpflanzen bieten neben Futter auch Schutz und Nistplatz. Am besten sind einheimische Pflanzen und ihre Zierformen geeignet, aber die meisten Vögel sind sehr anpassungsfähig.

BEEREN

Eine einzelne Zwergmispel steht gut hinten im Beet, *Cotoneaster horizontalis* passt an Wand oder Zaun. Als dornige Grenze ist Feuerdorn (*Pyracantha*) oder Thunbergs Berberitze (*Berberis thunbergii*) geeignet.

FRÜCHTE

Eine ungefüllte *Rosa rugosa* eignet sich gut als Heckenrose oder Einzelpflanze in einem Beet. Finken lieben ihre großen Hagebutten im Herbst. Sehr beliebt sind auch die hübschen Holzäpfel (*Malus*).

KLETTERPFLANZEN

Lassen Sie Mauern, Zäune und Gartenhäuschen von duftendem Geißblatt (*Lonicera periclymenum*) überwuchern, das später hübsche Beeren trägt. Erwachsener Efeu (*Hedera helix*) trägt schwarze Früchte.

BÄUME

Viele Beeren tragende Pflanzen, wie die Vogelbeere (*Sorbus*), eignen sich als Solitär auf dem Rasen oder im Beet. Koniferen und andere Zapfen tragende Bäume (z. B. Erlen) sowie Birken sind gute Samenquellen.

Winterfutter für Vögel

Sobald der Winter einsetzt, sterben die Pflanzen ab, der Boden friert zu und wird von Schnee bedeckt. Dann wird es für die heimischen Vögel schwer, Futter und Wasser zu finden, um zu überleben. In dieser kalten Jahreszeit benötigen sie ein Fettdepot, das sie warm hält, und dafür brauchen sie energiereiche Nahrung. Füttern Sie Vögel an geschützten Stellen morgens und kurz vor Sonnenuntergang. Das Futter sollte möglichst für Eichhörnchen nicht erreichbar sein.

◑ FUTTERTABLETTS
Ein einfaches Futtertablett ist besonders für die weniger agilen Bodenfresser sehr angenehm. Es sollte auf jeden Fall Dränagelöcher haben und einen erhöhten Rand, damit das Futter nicht herunterfällt. Als Futterhaus mit Dach schützt es zudem vor Räubern und Regen. Futterplätze regelmäßig säubern.

◑ MEISENKNÖDEL
Meisenknödel sind im Handel erhältlich. Wer selbst basteln möchte, füllt Samen in gelöstem Rinder- oder Kokosfett in leere Joghurtbecher mit durch den Boden gefädelter Schnur. Die Knödel ausgehärtet aufhängen. Nie Knödel in Netzen aufhängen, da sich die Vögel im Netz verfangen und verletzen können.

SCHNELL ANS ZIEL ... «

❋ **Nistkästen** Hängen Sie einen Nistkasten an eine Wand oder einen Zaun, oder an einer geschützten Stelle ohne direkte Sonne in einen Baum. Sie sind auch warme Winterhäuschen.

❋ **Essbarer Kranz** Basteln Sie mit kleinen Stücken Apfel, Birne, Orange und ein paar Sultaninen und Tannengrün einen Adventskranz für Ihre Vögel und hängen Sie ihn an einen Baum.

❋ **Das Eis brechen** Lösen Sie das Eis in der Vogeltränke, indem Sie heißes Wasser daraufgießen.

❋ **Für Bodenfresser** Verteilen Sie Apfelstücke und Fettfutter auf schneefreien Stellen.

🌓 FUTTERSÄULEN

Futtersäulen sind sehr praktisch und können mit den verschiedensten Samenmischungen befüllt werden. Manche Futtermischungen sind Universalfutter, andere für einzelne Vogelarten zusammengestellt.

🌓 REGELMÄSSIGE PFLEGE

Futtersäulen und -häuschen sollten regelmäßig heiß gespült und leicht desinfiziert werden, damit sich keine Bakterien festsetzen. Gut schrubben und abwaschen.

🌓 ERDNÜSSE

Nüsse sind reich an Eiweiß und Fett. Ranzige Nüsse sind allerdings für Vögel giftig. Kaufen Sie nur erste Wahl und kontrollieren Sie die Futterstellen regelmäßig. Nie gesalzene oder geröstete Erdnüsse anbieten.

🌓 VOGELBAD

Um ihr Gefieder sauber und gut isolierend zu halten, müssen Vögel regelmäßig baden. Eine flache Schale mit Wasser eisfrei und sauber halten und täglich frisch auffüllen.

>> MIT ETWAS MEHR ZEIT ...

❅ **Futterstation** Suchen Sie einen an einem Ende gespaltenen Pflock oder bohren Sie Löcher hinein. Füllen Sie Fettfutter in die Öffnungen, das die Vögel herauspicken können. Stecken Sie den Pfosten in den Boden.

❅ **Belebter Dachfirst** Wenn Sie Schwalben und Sperlinge zum Nisten einladen möchten, bringen Sie geeignete Nistkästen (im Spezialhandel und in Gartencentern erhältlich) dicht unter dem Dach an.

Schmetterlingsparadies

Viele Schmetterlingsarten sind gefährdet, aber als Gartenbesitzer können Sie etwas für diese wunderschönen Tiere tun. Pflanzen Sie in Ihrem Garten die entsprechenden Arten und schaffen Sie so ein Schmetterlingsparadies.

◑ AUF DER TERRASSE

Besonders gut können Sie sie beobachten, wenn Sie unwiderstehliche Blüten in Terrassenkübeln ziehen. Schmetterlinge mögen eine ganze Reihe von Pflanzen, wählen Sie also solche Arten, die den ganzen Sommer hindurch blühen.

TÖPFE VOLLER NEKTAR

Eisenkraut und Sonnenwende sind sehr beliebt und blühen zudem lange, sodass sie über viele Monate Nahrung bieten. Pflanzen Sie hängendes Eisenkraut in Ampeln und an den Rand von Kübeln und Hochbeeten. Mischen Sie Sonnenwende und aufrechtes Eisenkraut mit kompakt wachsenden Kosmeen, Garten-Salbei oder den empfindlichen Wandelröschen.

FEST FÜR DIE AUGEN

Die wunderbar bunt leuchtenden Zinnien machen sowohl den Gärtner als auch Schmetterlinge glücklich. Ihre fröhlichen Blüten blühen den ganzen Sommer, wenn man sie regelmäßig ausputzt. Andere schöne Kandidaten sind duftender Goldlack, ungefüllte Studentenblumen, Oregano, Tithonien, ungefüllte Dahlien, Strand-Silberkraut (*Lobularia maritima*) und Lavendel.

◑ TRINKGENUSS

❋ **Nektar der Götter** Ein Hochgenuss ist für Schmetterlinge gewaschener Sand, der mit einer Mischung aus Zuckersirup, Wasser und Dung getränkt ist. Stellen Sie einen Unterteller damit in die volle Sonne.

❋ **Nur Stehplätze** Es darf kein Wasser auf dem Sand stehen, damit die Schmetterlinge auch landen können.

IDEALE WAHL

Schmetterlinge mögen es warm und suchen Pflanzen in sonnigen Beeten auf. Damit diese schönen Nützlinge auch immer wieder kommen, bieten Sie ihnen eine reiche Pflanzenauswahl, die vom Frühling bis in den Herbst hinein Nektar liefert. Frühlingsblumen geben nach dem Winterschlaf Kraft, während Herbstblüten beim Aufbau überlebenswichtiger Reserven für den Winter helfen.

MEHR AUSWAHL

FRÜHLINGSBLÜTE Aubrieta 'Doctor Mules', Traubenhyazinthe (*Muscari*), Silberblatt (*Lunaria annua*), Stechpalme (*Ilex aquifolium*), Kupfer-Felsenbirne (*Amelanchier lamarckii*), Wiesen-Schaumkraut (*Cardamine pratensis*), Goldlack (*Erysimum*-Sorten)

SOMMERBLÜTE Sonnenwende, *Phlox*, Edeldistel (*Eryngium*), Königskerze (*Verbascum*), Wasserdost (*Eupatorium cannabinum*), Blut-Weiderich (*Lythrum salicaria*), Kuckucks-Lichtnelke (*Lychnis flos-cuculi*), *Scabiosa caucasica* 'Clive Greaves', Nachtviole (*Hesperis matronalis*), Wilde Karde (*Dipsacus fullonum*), *Verbena rigida*

HERBSTBLÜTE Efeu (*Hedera helix*), Glattblatt-Aster (*Aster novi-belgii*), *Sedum spectabile*, *Sedum* 'Herbstfreude', Sonnenhut (*Rudbeckia fulgida*), *Echinacea purpurea*, *Vitex agnus-castus*, *Caryopteris × clandonensis* 'Heavenly Blue', *Scabiosa* 'Butterfly Blue'

ZUVERLÄSSIGE QUELLE
Die hohen Stängel der *Verbena bonariensis* halten vom Frühjahr bis zum ersten Frost Nektar bereit. Sie wirken sehr elegant zwischen anderen Pflanzen oder auch als luftiger Sichtschutz.

AUS DEM COTTAGE-GARTEN
Centranthus ruber bietet ein berückendes Bild, wenn seine Blüten in Wolken von Schmetterlingen gehüllt sind. Die satt roten Blüten erscheinen vom Sommer bis in den Herbst, bevor die Pflanze sich selbst aussät.

STRAHLEND SCHÖN
Die Seidenpflanze *Asclepias tuberosa* blüht zuverlässig Jahr um Jahr, braucht aber Winterschutz. Sie trägt leuchtend orangefarbene Blütenköpfe und bildet im Herbst lange Balgfrüchte mit seidig behaarten Samen darin.

KÖSTLICHE BEETE
Die vom Spätsommer bis in den Herbst hinein blühenden Strauchveronika sind ein spätes Schmankerl. Es gibt viele Sorten, die für jeden Garten etwas bieten und das Beet im Winter mit ihrem immergrünen Laub schmücken.

SCHMETTERLINGSSTRAUCH
Die an Gleisen, Straßenrändern und auf Brachflächen wachsende *Buddleja* ist leicht auf jedem Boden zu ziehen. Ihre dichten Rispen vielfarbiger Blüten sind im Herbst ein Fest für Schmetterlinge.

Wildblumenwiese

Selbst Stadtmenschen können sich mit ein wenig Planung und den richtigen Wild- und Gartenpflanzen ein Stück buntes Landleben in den Garten holen. Eine Wildblumenwiese braucht keine Riesenfläche, dazu reicht auch ein Beet. Eine solche Wiese ist im Sommer ein wunderbarer Anblick und lockt mit der Zeit Vögel, Bienen und andere Nützlinge in den Garten.

SCHICKE OPTIK

Bereiten Sie den Boden der zukünftigen Wiese vor. Der ideale Standort hat gut durchlässigen Boden und Sonne. Harken Sie den Boden fein krümelig und säen Sie Samen in breiten Streifen, um sie gleichmäßig zu verteilen. Nutzen Sie höhere Pflanzen, wie Natternkopf und Wucherblume, um Akzente zu setzen, statt sie im Hintergrund zu gruppieren. Einjährige liefern im ersten Jahr Farbe, während die Stauden und Zweijährigen sich etablieren.

HOHE WOLKEN
Die langen Stängel der Wiesen-Schafgarbe (*Achillea millefolium*) tragen Schirme zarter weißer Blüten hoch über den anderen Pflanzen. In der Sonne kann sie aber überhandnehmen.

SONNENANBETER
Die einst auf Kornfeldern verbreitete Wucherblume (*Chrysanthemum segetum*) ist eine Einjährige, die jedes Jahr wiederkommt, solange der Boden im Herbst umgegraben wird.

VERTRAUTE FREUNDE
Die fröhlichen, gelb-weißen Blüten der Wiesen-Margerite (*Leucanthemum vulgare*) sind vom Frühling bis in den Sommer häufig an Wegrändern und auf Wiesen zu finden.

LETZTE HANDGRIFFE

Eine Wiese im Stadtgarten: Hier unterteilen Weg und Steinbänke die natur-
nahe Wiese, sodass man sie genießen
kann, ohne sie zu betreten.

❋ **Wege** Legen Sie einen Weg durch die Wiese an,
damit Sie sie durchwandern können. Geometrisch
angelegte Wege wirken in einem kleinen Stadtgarten besonders schick. Schöne Alternativen sind
Wege aus Baumstämmen, Rinde oder Kies.

❋ **Sitzen und genießen** Ein Wildblumengarten
will genossen werden. Verteilen Sie Sitzgelegen-
heiten, damit Sie zwischen Ihren Blumen sitzen
können. Stein bietet eine kontrastierende Textur,
während Bänke aus Holz oder Weidengeflecht
eher natürlich wirken.

❋ **Höhe gewinnen** Die Bäume verleihen dem
Garten eine dritte Dimension. Kronen und tiefe
Äste müssen gestutzt werden, damit die Pflanzen
darunter möglichst viel Sonne bekommen. Wenn
Sie keinen Platz für Bäume haben, sind auch
rustikale Stämme und Pergolen sehr attraktiv.

MEHR AUSWAHL

HOHE WOLKEN *Ammi majus*, Wiesen-Kerbel
(*Anthriscus sylvestris*), Großer Schuppenkopf
(*Cephalaria gigantea*), *Verbena bonariensis*

SONNENANBETER Kalifornischer Kappen-
mohn (*Eschscholzia californica*), *Cosmos bipinna-
tus*, Wilde Karde (*Dipsacus fullonum*)

VERTRAUTE FREUNDE Kornrade (*Agro-
stemma githago*), Schlüsselblume (*Primula
veris*), Wiesen-Witwenblume (*Knautia arvensis*),
Wiesen-Klee (*Trifolium pratense*)

IM SCHATTEN *Geranium macrorrhizum*, Japanische Herbst-Anemone (*Anemone × hybrida*),
Fingerhut (*Digitalis purpurea*)

BLAUE WOLKE *Campanula trachelium*,
Kornblume (*Centaurea cyanus*), Wiesen-Storchschnabel (*Geranium pratense*)

IM SCHATTEN
Die Gruppen bildende Rote Lichtnelke (*Silene
dioica*) eignet sich perfekt für schattige
Lücken, ihre rosafarbenen Blüten bringen von
Frühling bis Herbst willkommene Farbe.

BLAUE WOLKE
Der zweijährige Natternkopf (*Echium vulgare*)
ist ein hoher Bienenmagnet, der eine kühle
Note ins Bild bringt. Man sät ihn am besten
zwei Jahre in Folge, damit er jedes Jahr blüht.

Gesunder Teich

Ein Teich ist nicht nur ein Ort der Entspannung, an dem man an einem warmen Tag verweilen kann, sondern auch ein Magnet für Wildtiere. Allerdings erfordert auch der naturnaheste Teich Aufmerksamkeit und Pflege, um wirklich schön zu bleiben und seinen Bewohnern ein gesundes Lebensumfeld zu bieten. Ohne Pflege nehmen Unkraut und wuchernde Pflanzen überhand. Verfaulendes Grün verunreinigt das Wasser und fördert unerwünschtes Algen- und Bakterienwachstum.

❉ GRÜNALGEN STOPPEN

Ein versenkter Sack Gerstenstroh hält störende Algen in Schach. Die besten Ergebnisse erzielen Sie mit etwa 50 g Stroh pro Quadratmeter Wasseroberfläche. Versenken Sie das Stroh im Frühling und entfernen Sie es im Herbst, wenn es sich schwarz verfärbt hat.

❉ PFLANZEN AUSDÜNNEN

Sauerstofferzeuger sind wichtig für den Teich, können aber auch wuchern und müssen regelmäßig mithilfe eines Laubbesens ausgedünnt werden. Legen Sie das Grün über Nacht ans Ufer, damit Tiere zurück ins Wasser fliehen können, und kompostieren Sie es dann.

SCHNELL ANS ZIEL ... ≪

❉ **Elegante Blüten** Seerosen bringen Eleganz und willkommene Farbe in einen sonnigen Teich, sollten aber zur Größe des Teichs passen.

❉ **Algen fischen** Sammeln Sie unansehnliche Grünalgen mit einem Bambusstock ein, den Sie durchs Wasser ziehen. Die Algen wickeln sich um den Stock und können herausgehoben werden. Legen Sie sie über Nacht ans Ufer, damit kleine Tiere zurück ins Wasser gelangen können.

❉ **Nachtsicht** Wenn Sie Tiere nachts beobachten möchten, verteilen Sie Solarleuchten rund um den Teichrand.

FILTER REINIGEN

Entfernen Sie im Spätherbst den Teichfilter und spritzen Sie ihn mit dem Schlauch aus. Lagern Sie ihn über den Winter ein.

AUFFÜLLEN

Gartenteiche füllt man besser mit Regenwasser auf als mit Leitungswasser. Stellen Sie nahe dem Teich Regenwassertonnen auf, wo sie Wasser sammeln können, mit dem Sie dann den Teich auffüllen.

BEPFLANZEN

Setzen Sie Tiefwasserpflanzen in Drahtkörben ins Wasser, in denen sie wurzeln können. Eine Lage Kiesmulch auf der Erde verhindert, dass sie im Wasser ausgewaschen wird und den Teich trübt.

BLÄTTER ENTFERNEN

Blätter sollten schnellstmöglich aus dem Wasser gefischt werden, damit sie dort nicht verrotten. Entfernen Sie sie mit einem Kescher oder spannen Sie im Herbst bis zum Winteranfang ein Netz über das Wasser.

>> MIT ETWAS MEHR ZEIT ...

❋ **Uferpflanzen ausdünnen** Die Uferbepflanzung wird gelegentlich zu dicht. Heben Sie im Frühling verfilzte Pflanzengruppen und teilen Sie sie. Pflanzen Sie gesunde Teile wieder ein und kompostieren Sie den Rest.

❋ **Zugang** Wenn Sie Tiere einladen möchten, müssen Sie ihnen einen leichten Zugang zum Wasser bieten. Legen Sie eine Rampe aus Kies an und verteilen Sie am Ufer mehrere große Steine als Sonnenplätze.

Einfache Gartenpflege

Es gibt reichlich Ideen, wie man das Gärtnern einfacher und praktischer gestalten kann. Schließlich wollen die meisten Gartenbesitzer mit möglichst geringem Pflegeaufwand den größtmöglichen Effekt erzielen. In diesem Kapitel finden Sie daher Tricks, wie man die Routinearbeiten, wie Wässern und Düngen, verringern kann und den alljährlichen Rückschnitt effizient gestaltet. Dadurch gewinnen Sie mehr Zeit, Ihren Garten zu genießen.

Automatische Bewässerung

PFLANZEN & MATERIAL

Bewässerungs-Set mit Anschlussadapter

Bandmaß

Hobbymesser oder Cutter zum Einkürzen
der Schläuche sowie Schneideunterlage

Hammer

Anschlussadapter für den Außenwasser-
hahn (nur notwendig, wenn der mitgelie-
ferte Anschlussadapter nicht passt)

Große Kabelschellen zum Befestigen der
Schläuche

Wenn das regelmäßige Wässern
des Gartens und der Terrasse zur
Belastung wird, kann ein kleines
Bewässerungssystem helfen.
Ist es an einen Bewässerungs-
Computer oder -Timer am Was-
serhahn angeschlossen, kann
man sogar nachts wässern oder
wenn man nicht zu Hause ist. In
heißen Sommern ist es besonders vorteilhaft, spät am Abend
zu wässern, weil dann weniger
Wasser durch Verdunstung verloren geht.

Systeme mit automatischer
Tropfbewässerung sind sehr effizient, da das Wasser bei ihnen
langsam in die Erde eindringt
und nicht über- bzw. abläuft,
bevor es einsickern kann.

1 Den Schlauch anschließen

Den Anschlussadapter am Außen-wasserhahn sorgfältig befestigen und die Schläuche so auslegen, dass sie alle Kübel, Schalen und Körbe erreichen, die bewässert werden sollen.

2 Die Schläuche verbinden

Den Hauptschlauch locker anschließen, aber noch nicht einkürzen. Die Seitenschläu-che mit T-Verbindern anschließen. Schwer aufzusteckende Schlauchenden werden durch Tauchen in heißes Wasser geschmeidiger.

3 Ersten Kübel anschließen

Den ersten Seitenschlauch abmessen und mit dem Cutter mit etwas Spielraum zuschneiden. Eine Tropfdüse ans Schlauch-ende stecken und mit einem Haken in der Erde befestigen.

4 Nächsten Topf anschließen

Hier endet der Hauptschlauch in der höchsten Blumenampel. Er könnte aber schlicht mit einem Stopfen verschlossen und die Blumenampel über einen Seiten-schlauch versorgt werden.

5 Schlauch befestigen

Den Schlauch neben Wegplatten und Holzbohlen versteckt mit Haken im Boden befestigen. An Holzgestellen, wie Zäunen, Spalieren oder Pergolen, Nagelschellen verwenden.

6 Letzten Korb anschließen

Die letzte Tropfdüse befestigen. »Durstige« Pflanzen, wie etwa diese hän-genden Tomaten, werden die regelmäßige Bewässerung lieben. Wässerungsdauer und -häufigkeit genau einstellen.

Ein schöner Rasen

Ein kräftig grüner Rasen ist eine Zierde für jeden Garten, aber er muss regelmäßig gepflegt werden, wenn er wirklich schön sein soll. Es gibt zum Glück einige einfache und schnell zu erledigende Arbeiten aus der Gärtner-Trickkiste, die sich langfristig auszahlen – und einige muss man nicht einmal regelmäßig durchführen, ein paar Mal im Jahr genügt völlig.

◗ BELÜFTEN
Durch verdichteten Boden kann Gras kaum noch hindurchwachsen. Belüften (aerifizieren) mit Nagelschuhen im Herbst schafft Luftkanäle für gesunde Wurzeln.

◗ BLÄTTER ABHARKEN
Herbstlaub regelmäßig mit dem Laubbesen vom Rasen harken. Eine Laubschicht erstickt das Gras und schwächt das Wachstum. Sammelt man die Blätter in perforierten Abfallsäcken und befeuchtet sie ein wenig, hat man nach einem Jahr einen wunderbaren Laubkompost.

◗ MÄHEN
Eine Runde mit dem Rasenmäher ist schnell erledigt und der Rasen sieht dann wieder schön aus. Zu kurz geschnittenes Gras wächst schneller und muss häufiger gemäht werden, und es ist nicht so gesund. Bei Hitze die Messer hoch einstellen, damit der Rasen nicht verbrennt.

SCHNELL ANS ZIEL ... «

❋ **Wurmhaufen abfegen** Würmer sprechen für einen gesunden Rasen, aber ihre Ausscheidungen sind nicht schön. Sie lassen sich bei trockenem Wetter aber leicht mit dem Besen wegfegen.

❋ **Moos ausharken** Eine schnelle aber kräftige Runde mit dem Laubbesen lockert Moos im Rasen. Danach sieht er ein wenig ramponiert aus, erholt sich aber schnell wieder.

❋ **Steine freischneiden** Die Kanten der Trittsteine mit dem Kantenschneider oder Rasentrimmer sauber schneiden und Schnittreste entfernen. So sieht der Rasen ordentlicher aus.

◑ RASEN AUFBESSERN

Eine kräftige Schicht Erde ebnet kleine Mulden oder Buckel ein und verbessert die Boden-struktur. Eine nährstoffreiche Mischung aus Sand und Erde mit dem Spaten verteilen und mit dem Besen einarbeiten.

◑ KANTEN SCHNEIDEN

Eine mit dem Kantenschneider sauber geschnittene Rasen-kante sieht gut aus und lässt die Beete besser erkennen.

◑ PUNKTGENAU JÄTEN

Flaches, rosettenbildendes Unkraut erreicht der Rasenmä-her nicht. Es muss von Hand ausgestochen werden. Ein altes Messer ist hier hilfreich. Verzichten Sie nach Möglichkeit auf Unkrautvernichter.

◑ NACHSÄEN

Dünne und kahle Rasenstellen mit Grassamen nachsäen, um die Lücke zu füllen. Die Erde mit der Grabgabel auflockern und die Samen gleichmäßig vertei-len. Gut wässern und mit einem Netz vor Vögeln schützen.

>> MIT ETWAS MEHR ZEIT ...

❋ **Vertikutieren** Rasenfilz (altes Gras, abgestorbenes Moos und andere Pflanzenreste) kann den Rasen ersticken. Er sollte im Herbst mit dem Laubbesen oder einem Vertikutierer herausgeholt werden.

❋ **Kanten reparieren** Ramponierte Rasenkanten mit dem Spaten abste-chen und abheben. Herumdrehen, sodass die schadhafte Kante nach innen zeigt, und wieder andrücken. Nachsäen und die Kante nachschneiden.

Nie Probleme mit Trockenheit

PFLANZEN & MATERIAL

4 Säcke Zierkies

Feiner Splitt oder grober Sand
(nach Wunsch)

Unkrautvlies, Kreide und Haushaltsschere

Kräftiger verzinkter Gartendraht

Drahtschneider, Pflanzkelle

Eimer und Handfeger

Trockenheitsresistente Pflanzen (z. B.
Lavandula angustifolia 'Hidcote', *Stachys
byzantina*, *Helianthemum*, *Verbascum chaixii*,
Sedum telephium (Atropurpureum-Gruppe)
'Purple Emperor', *Callistemon* 'Perth Pink')

In einem sonnigen Garten mit gut wasserdurchlässigem Boden sind trockenheitsresistente Pflanzen eine gute Wahl. Angesichts schrumpfender Wasserreserven ist es gut, wenn der Ziergarten nur wenig Wasser benötigt.

Viele alpine krautige und teppichbildende Pflanzen sowie mediterrane Sträucher und Stauden vertragen Trockenheit sehr gut. Ein sonniges Beet, wie dieses hier, benötigt nicht nur wenig Wasser, es muss auch kaum gejätet werden.

Das Unkrautvlies lässt Regenwasser in den Boden und mit einer Licht reflektierenden Mulchschicht, die das Wasser an den Wurzeln der Pflanzen bindet, hält es den Boden zudem kühl.

Die Mulchschicht aus Kies darf allerdings nicht zu dick sein, da sie Feuchtigkeit bindet, und dadurch könnten verschiedene Unkräuter hier Fuß fassen.

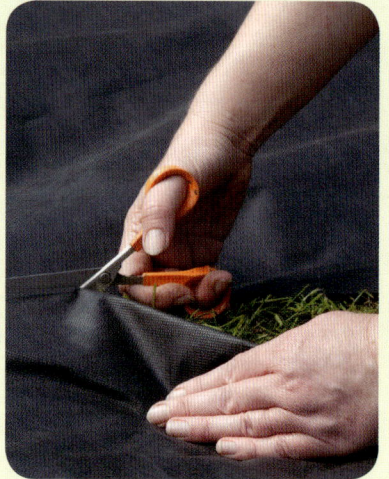

1 Den Boden umgraben
Den Boden etwas tiefer als den tiefsten Wurzelballen der zu setzenden Pflanzen umgraben. Große Erdklumpen zerteilen, in lehmigen Boden etwas feinen Splitt oder Grobsand für bessere Dränage einarbeiten.

2 Das Unkrautvlies verlegen
Den Boden eben harken, damit keine Wassersenken entstehen, und dann mit großzügig überlappenden Vliesmatten bedecken. Die Matten grob in Form schneiden und die Kanten umschlagen.

3 Die Pflanzen verteilen
Lange Drahtstifte durch die umgeschlagenen Vlieskanten in den Boden stecken und durch Abknicken der Drahtenden das Vlies am Boden fixieren. Die Pflanzen in den Töpfen nach Wunsch im Beet verteilen.

UND ZWISCHENDURCH ...

❋ **Im ersten Sommer gießen** Die Wurzeln der neuen Pflanzen haben sich noch nicht so etabliert, dass sie mit Trockenheit zurechtkämen. Daher im ersten Sommer bei Trockenheit wässern.

❋ **Leicht in Form schneiden** Bei Lavendel und *Helianthemum* nach der Blüte mit der Schere alte Blüten, Blütenstängel und ein wenig der zarten Spitzen abschneiden, damit sie kompakt bleiben.

❋ **Ausputzen** Verwelktes sollte regelmäßig entfernt werden, damit das Beet gepflegt und gesund aussieht.

❋ **Jäten** Unkrautsämlinge aus dem Kies auszupfen, bevor sie große Wurzelsysteme entwickeln. So sind sie einfacher zu entfernen und sie haben keine Zeit, Blüten und Samen zu entwickeln.

4 Pflanzlöcher einschneiden

Die Position der Pflanzen mit Kreide markieren. Das Vlies an den Markierungen mit der Schere kreuzweise einschneiden und auffalten. Mit der Pflanzkelle ein Loch ausheben und die Pflanzen einsetzen.

5 Erdreste entfernen

Die Erde um die neu gesetzten Pflanzen leicht andrücken und überschüssige Erde in einen Eimer geben. Das Vlies wieder sorgfältig zuklappen und Erdreste mit dem Handfeger abfegen.

6 Mit Zierkies abdecken

Die Pflanzen gut wässern. Das Vlies gerade mit so viel Kies bedecken, dass es nicht mehr sichtbar ist. Den Kies auch unter den Pflanzen verteilen, sodass der Untergrund gleichmäßig aufgefüllt ist.

Spätwinterschnitt

Der Spätwinter ist eine gute Zeit, um mit dem Rückschnitt zu beginnen, da nun relativ wenig anderes zu tun ist. Bei mildem Wetter können Sie viele sommerblühende Sträucher und Kletterpflanzen sowie wegen ihres schönen Laubs und ihrer bunten Stämme gepflanzte Sträucher schneiden.

DAS WERKZEUG REINIGEN

Ein gepflegtes Werkzeug macht den Schnitt leichter und mindert das Infektionsrisiko. Reinigen Sie Schneiden von Harz, Schmutz und Rost, desinfizieren Sie sie mit 70 %igem Alkohol und ölen Sie alle Metallteile ein.

GARTENSCHERE
Schaben Sie Harz mit einem Messer ab und polieren Sie mit Stahlwolle nach.

ASTSÄGE
Entfernen Sie Sägestaub mit einer Bürste und tragen Sie Öl mit einem Tuch auf.

HARTRIEGEL SCHNEIDEN

Handeln Sie jetzt, wenn Sie Hartriegel wegen seiner bunten Rinde gepflanzt haben, z. B. den roten *Cornus alba* 'Sibirica', den mehrfarbigen *Cornus sanguinea* 'Midwinter Fire' (im Bild) oder den senfgelben *Cornus sericea* 'Flaviramea'. Schneiden Sie, bevor die Blattknospen schwellen. Neues nicht blühendes Holz ist am hellsten. Ein harter Rückschnitt fördert frischen Wuchs an der Basis.

KÜRZEN
Beginnen Sie mit einem generellen Rückschnitt des letztjährigen Holzes, damit die Aststruktur besser zu sehen ist. Entfernen Sie totes und beschädigtes Holz und überkreuzte Zweige.

GRUNDGERÜST
Reduzieren Sie den Strauch auf einen niedrigen Stock aus Zweigen, die Sie kurz über einem Knospenpaar schneiden. Hier erscheint der neue Wuchs.

BUSCH- UND PATIO-ROSEN

Schneiden Sie Triebe um ein Viertel bis die Hälfte zurück. Entfernen Sie tote oder kranke Teile, schwache und sich überkreuzende Triebe und alte Blätter.

PRÄZISE SCHNITTE
Schräge Schnitte lassen Wasser ablaufen. Schneiden Sie über einer nach außen zeigenden Knospe.

WETTERREGELN

Achten Sie auf die Wettervorhersage und schneiden Sie nie bei frostigem Wetter oder Schnee, das schadet den Pflanzen. Jeder Wohnort hat sein ganz eigenes Wetter und Mikroklima, achten Sie also besser auf Anzeichen für neuen Wuchs, wie anschwellende Knospen, und handeln Sie dann.

LAUBABWERFENDE BLATTSTRÄUCHER

Für größere, intensiv gefärbte Blätter relativ kräftig zurückschneiden und vor allem einige ältere Stämme entfernen.

Acer negundo 'Flamingo', Holunder (*Sambucus*), *Physocarpus opulifolius*, z. B. 'Dart's Gold' oder 'Diabolo', *Berberis thunbergii* (buntes Laub), *Salix integra* 'Hakuro-nishiki', Perückenstrauch (*Cotinus*), *Spiraea japonica*, *Weigela* (panaschierte Sorten), panaschierter Hartriegel (*Cornus*)

RAMBLER-ROSEN

Jetzt zurückschneiden, wenn es nicht im Herbst geschehen ist, oder radikal schneiden, um eine zu groß gewordene Rose zu retten.

Rosa 'Albéric Barbier', *R.* 'Albertine', *R.* 'American Pillar', *R.* 'Bleu Magenta', *R.* 'Blush Rambler', *R.* 'Bobbie James', *R.* 'Crimson Shower', *R.* 'Félicité et Perpétue', *R.* 'Kew Rambler', *R.* 'Paul's Himalayan Musk', *R.* 'Rambling Rector', *R. filipes* 'Kiftsgate', *R.* 'Seagull', *R.* 'Veilchenblau'

SPÄTE BLÜHER

Für große Blüten die unten genannten Hortensien auf ein niedriges Niveau zurückschneiden, anderenfalls ein Drittel der ältesten Triebe entfernen.

Hydrangea arborescens 'Annabelle', *Hydrangea paniculata*, z. B. 'Pink Diamond' oder 'Unique', *Hypericum* 'Hidcote', *Hypericum × inodorum* 'Elstead', *Potentilla fruticosa*, z. B. 'Abbotswood', 'Limelight' oder 'Primrose Beauty', *Spiraea japonica* (blühende Sorten), *Clethra alnifolia*

IMMERGRÜNE

Bei Bedarf nach Blüte und Frucht auf eine handliche Größe zurückschneiden. Das gilt auch für Mauersträucher. Auf Vögel Rücksicht nehmen.

Kirschlorbeer (*Prunus laurocerasus*), *Cotoneaster × watereri* und andere Sorten, *Elaeagnus × ebbingei*, *Euonymus fortunei* 'Emerald Gaeity', Feuerdorn (*Pyracantha*), *Garrya elliptica*, *Mahonia × media*, Glänzende Heckenkirsche (*Lonicera nitida*), Eibe (*Taxus baccata*)

BUSCH- UND PATIO-ROSEN

Kräftiger Rückschnitt (links) und das Entfernen toter und an Sternrußtau erkrankter Triebe und Blätter erhalten die Pflanze gesund und wüchsig.

Rosa 'Amber Queen', *R.* 'Arthur Bell', *R.* 'Blessings', *R.* 'Champagne Moments', *R.* 'Fascination', *R.* 'Ice Cream', *R.* 'Indian Summer', *R.* 'Many Happy Returns', *R.* 'Margaret Merrill', *R.* 'Royal William', *R.* 'Ruby Anniversary', *R.* 'Scarlet Patio', *R.* 'Sweet Dreams', *R.* 'Warm Wishes'

SPÄT BLÜHENDE CLEMATIS

Diese Clematis dicht über zwei kräftigen Knospen auf 30 cm über dem Boden zurückschneiden oder ein größeres verzweigtes Gerüst erhalten.

Clematis 'Abundance', *C.* 'Alba Luxurians', *C.* 'Étoile Violette', *C.* 'Gravetye Beauty', *C.* 'Hagley Hybrid', *C.* 'Huldine', *C.* 'Jackmanii', *C.* 'Kermesina', *C.* 'Little Nell', *C.* 'Madame Julia Correvon', *C.* 'Minuet', *C.* 'Pagoda', *C.* 'Perle d'Azur', *C.* 'Polish Spirit', *C.* 'Ville de Lyon'

Frühlingsschnitt

Jetzt gehen die Schnittarbeiten richtig los, aber achten Sie auf das Wetter und warten Sie ab, bis es nicht mehr kalt und frostig ist. Im zeitigen Frühjahr schließt man den Schnitt von Buschrosen ab und schneidet kletternde Rosen und öfter blühende Strauchrosen. Später sind dann Frühlingsblüher und frostempfindliche spät blühende Sträucher sowie strauchige Stauden dran.

SCHNELL- UND SPÄTBLÜHER SCHNEIDEN

Viele laubabwerfende Sträucher und Kletterer, die nach dem längsten Tag blühen, tun dies an diesjährigem Wuchs. Sie können sie im Frühjahr relativ kräftig zurückschneiden. So bleiben wüchsige, kurzlebige Arten jung.

BUDDLEJA
Schneiden Sie den letztjährigen Wuchs bis auf ein Gerüst gesunder, gut positionierter Zweige zurück.

SCHMETTERLINGSMAGNET
Durch Ausdünnen produziert der Schmetterlingsstrauch (*Buddleja davidii*) viele neue Triebe mit nach Honig duftenden Blüten.

HORTENSIEN SCHNEIDEN

Schneiden Sie Gartenhortensien (Sorten und Hybriden von *Hydrangea macrophylla*) nur leicht zurück, um nicht zu viele Blütentriebe zu verlieren. Lassen Sie die Blüten im Winter stehen, um die Knospen vor Frost zu schützen.

DOPPELKNOSPEN
Schneiden Sie etwas unterhalb der Zweigspitze und dicht oberhalb eines Paars großer, dicker Knospen. Diese produzieren die Blütentriebe.

IN FORM BRINGEN
Schneiden Sie totes und erfrorenes Holz, schwache und überkreuzte Zweige aus.

FRÜHER ROSENSCHNITT

Öfter blühende Buschrosen blühen am neuen (diesjährigen) Holz. Kletterrosen und Englische Rosen blühen dagegen an neuen Seitentrieben des alten (mehrjährigen) Holzes. Ein Schnitt zwischen Winter und Frühling bringt frischen Wuchs und erhält die Pflanzen gesund und wüchsig. Mulchen Sie im späten Winter und düngen Sie im Frühjahr mit Rosendünger.

ZAPFENSCHNITT

Stimulieren Sie Blütentriebe, indem Sie alte Blütentriebe auf zwei oder drei Knospen über den Haupttrieben zurückschneiden.

ÖFTER BLÜHENDE KLETTERER

Die Haupttriebe aufbinden und überlange Triebe zurückschneiden. Letztjährige Seitentriebe zu Zapfen kürzen (siehe links).

Rosa 'Aloha', *R.* 'Compassion', *R.* 'Danse du Feu', *R.* 'Dublin Bay', *R.* 'Étoile de Hollande', *R.* 'Handel', *R.* 'Parkdirektor Riggers', *R.* 'Pink Perpétue', *R.* 'Schoolgirl', *R.* 'Swan Lake', *R.* 'The New Dawn'

ENGLISCHE ROSEN

Diese öfter blühende Rosen um ein Viertel einkürzen. Seitentriebe auf wenige Knospen zurückschneiden, kranke Triebe ausschneiden.

Rosa 'Abraham Darby', *R.* 'Evelyn', *R.* 'Gertrude Jekyll', *R.* 'Golden Celebration', *R.* 'Graham Thomas', *R.* 'Jude the Obscure', *R.* 'Mary Rose', *R.* 'Molineux', *R.* 'Scepter'd Isle', *R.* 'Winchester Cathedral', *R.* 'William Shakespeare 2000'

STRÄUCHER UND KLETTERER

Eine gute Faustregel für den Schnitt sommerblühender Sträucher ist, im Frühjahr etwa ein Drittel des ältesten Holzes herauszuschneiden. Es hat oft eine andere Farbe und Textur als neue Stämme. Schneiden Sie frühlings- und frühsommerblühende Sträucher erst nach der Blüte. Achten Sie vor dem Schnitt auf Vogelnester.

GEISSBLATT

Schneiden Sie alle langen, schwachen Triebe aus und entfernen Sie tote oder beschädigte Stämme.

WINTER- ODER FRÜHLINGSBLÜHER

Frühe laubabwerfende Sträucher nach der Blüte schneiden: Ein Drittel des alten Holzes entfernen oder Äste kappen (bei *Kerria* bis zur Basis).

Blut-Johannisbeere (*Ribes sanguineum*), *Exochorda* × *macrantha* 'The Bride', *Forsythia* × *intermedia*, *Kerria japonica*, *Prunus triloba*, *Spiraea* × *arguta*, winterblühendes Geißblatt (*Lonicera* × *purpusii* 'Winter Beauty'), Zaubernuss (*Hamamelis*)

WÄCHST SCHNELL, BLÜHT SPÄTER

Die hier genannten sommerblühenden Sträucher und verholzenden Stauden über dem neuen Wuchsansatz an der Basis zurückschneiden.

Abutilon × *suntense*, *Artemisia* 'Powis Castle', *Caryopteris* × *clandonensis*, *Ceanothus* × *delileanus* 'Gloire de Versailles', *Santolina chamaecyparissus*, Italienische Immortelle (*Helichrysum italicum*), *Fuchsia* (winterharte Sorten), *Penstemon*, *Perovskia atriplicifolia*, *Lavatera* × *clementii*

Sommerschnitt

Der Sommer ist eine gute Zeit, empfindliche Immergrüne zu schneiden, bevor das kalte Wetter einsetzt. Schneiden Sie früh blühende Sträucher und Kletterer zurück, um neue Triebe im kommenden Jahr zu fördern. Schneiden Sie lange Blauregentriebe auf fünf bis sechs Knospen über dem alten Holz zurück.

LAVENDEL SCHNEIDEN

Lavendel (*Lavandula angustifolia*) muss nach der Blüte bis auf 1–2 cm über dem holzigen Teil des Stamms zurückgeschnitten werden, um buschig zu bleiben.

ALTERNATIVE FÜR LAVENDELSCHNITT
Wenn Sie keine Zeit hatten, Lavendel im Sommer zu schneiden, tun Sie dies im Frühling, aber nicht im Winter, da die Kälte die geschnittenen Triebe schädigen kann.

WIEDERHOLTE BLÜTE
Schneiden Sie Katzenminze (*Nepeta × faassenii*) und *Lamium maculatum* nach jeder Blüte mit der Schere zurück, um die Bildung neuer Blüten anzuregen.

HERBSTSCHNITT VON RAMBLER-ROSEN

Rambler-Rosen blühen im Frühsommer prachtvoll und sind sehr wüchsig. Binden Sie im Sommer biegsame neue Triebe hoch. Schneiden Sie im Herbst überlange Triebe, die dem Spalier entwachsen, und kürzen Sie Triebe, die geblüht haben, auf zwei oder drei Augen.

ROSEN AUSPUTZEN
Für eine durchgehende Blüte schneiden Sie welke Blüten von Strauchrosen und wiederholt blühenden Kletterrosen aus.

FRÜHE BLÜTE

Im späten Frühjahr und Frühsommer blühende Sträucher blühen am Vorjahresholz. Wenn sie geschnitten werden müssen, tun Sie dies direkt nach der Blüte, damit neue Triebe reifen können.

KAMELIEN
Diese im zeitigen Frühjahr blühenden Sträucher schneidet man im Sommer. Sie gedeihen nur in sehr milden Klimaten.

STRÄUCHER UND KLETTERER
Bei im Frühsommer blühenden Pflanzen die Blütentriebe zurückschneiden, um neue Seitentriebe zu kräftigen, und an der Basis ein Fünftel des alten Holzes auslichten. Frühe Kletterer leicht zurückschneiden.

Kolkwitzie (*Kolkwitzia amabilis* 'Pink Cloud'), *Clematis alpina*, *Clematis armandii*, *Clematis macropetalla*, Kletterhortensie (*Hydrangea anomala* subsp. *petiolaris*), *Deutzia*, Pfeifenstrauch (*Philadelphus* 'Virginal', oben), *Neillia*, *Weigela*

IMMERGRÜNE

Sträucher mit immergrünem Laub neigen zu Frostschäden an neuem Wuchs, weshalb man sie meist erst nach dem letzten Frost schneidet. Der frische Austrieb ist dann nicht gefährdet.

HECKEN

Trimmen Sie Hecken und Formschnittgehölze im Sommer. Schneiden Sie Azaleen direkt nach der Blüte zurück.

IMMERGRÜNE MIT WINTERSCHÄDEN

Warme Tage und Herbstschnitt führen im Frühjahr zu neuem Wuchs, der unter späten Frösten leiden kann. Mit dem Auslichten oder harten Rückschnitt bis nach dem letzten Frost warten.

Abelia, Aucuba japonica, Buchsbaum (*Buxus sempervirens*), Säckelblume (*Ceanothus*), *Escallonia laevis* 'Gold Brian', Mexikanische Orangenblume (*Choisya ternata* 'Sundance'), *Griselinia littoralis, Phormium, Photinia, Pieris japonica, Pittosporum*

FORMSCHNITT

Bis nach dem letzten Frost mit dem Schnitt warten, selbst wenn Formschnittarten, wie Lorbeer (bedingt frosthart) und Buchs, Winterschäden erleiden. Schnittarbeiten zum Ende des Sommers abschließen.

Buchs (*Buxus sempervirens*), *Ligustrum delavayanum,* Lorbeer (*Laurus nobilis*), *Euonymus japonicus,* Japanische Stechpalme (*Ilex crenata*), Myrte (*Myrtus communis*), Olive (*Olea europaea*), Heckenkirsche (*Lonicera nitida*), *Cupressus macrocarpa* 'Goldcrest'

OBST- UND ZIERBÄUME

Man schneidet Bäume zwar traditionell in der Ruhezeit, aber viele Arten profitieren von einem Sommerschnitt, wenn alle Blätter geöffnet sind und das Risiko des Blutens vorbei ist. Schnitte heilen im Sommer besser, was das Infektionsrisiko erheblich mindert. Der Sommer ist auch ideal, um Spaliräpfel und -birnen zu schneiden, weil man den Fruchtansatz und unproduktiven Wuchs voneinander unterscheiden kann.

KIRSCHEN UND PFLAUMEN

Sowohl Zier- als auch Nutzformen von Kirsche und Pflaume sind für Bleiglanz anfällig, vor allem wenn sie außerhalb des Sommers geschnitten werden. Schneiden Sie sie besser Mitte des Sommers.

SPALIEROBST

Schneiden Sie bei an Stützen erzogenen Pflanzen und Zwergbäumen im Kübel unproduktive belaubte Triebe Mitte des Sommers aus, nachdem die Pflanzen Früchte angesetzt haben.

ZIERBÄUME

Entfernen Sie unerwünschte Zweige. Nehmen Sie alle rein grünen Triebe an bunten oder panaschierten Pflanzen heraus. Schneiden Sie auch tote und überkreuzte Zweige aus.

Register

Dank & Bildnachweis

DIE AUTORIN möchte sich bei den Mitarbeitern der Redaktion sowie dem Design-Team und den Fotografen bei Dorling Kindersley bedanken, die sie mit ihrer Begeisterung und Hingabe für das Projekt enorm angespornt haben.

DORLING KINDERSLEY dankt den folgenden Personen für ihre Unterstützung: Helena Caldon, Zia Allaway, Chauney Dunford und Hilary Mandleberg für ihre redaktionelle Assistenz; Alison Shackleton und Becky Tennant für ihre grafischen Arbeiten; Fiona Wild für das Korrekturlesen und Michèle Clarke für die Indexerstellung.

BILDNACHWEIS Der Verlag dankt den folgenden Personen und Institutionen für die Genehmigung zum Abdruck ihrer Fotografien:

(Schlüssel: o = oben, u = unten, m = Mitte, a = außen, l = links, r = rechts, go = ganz oben)

10-11 GAP Photos: Elke Borkowski (ml). **12-13 The Garden Collection:** Nicola Stocken Tomkins (m). **13 GAP Photos:** Mel Watson (mro). **14 GAP Photos:** BBC Magazines Ltd. (mlu, mu, mru). **15 GAP Photos:** BBC Magazines Ltd. (mlu, mr). **16-17 The Garden Collection:** Liz Eddison (mlu). **18-19 The Garden Collection:** Marie O'Hara (mo). **22 Dorling Kindersley:** Lucy Claxton (mo). **22-23 GAP Photos:** John Glover. **24 Garden World Images:** Gilles Delacroix (mro). **24-25 The Garden Collection:** Nicola Stocken Tomkins (mr). **26 Garden World Images:** Richard Shiell (amru). **The Garden Collection:** Nicola Stocken Tomkins (mlu, ur). **27 Garden World Images:** Isabelle

Anderson (ur). **36 GAP Photos:** Hanneke Reijbroek (mu). **The Garden Collection:** Nicola Stocken Tomkins (ml). **37 Sunny Aspects Ltd..** (mlu). **38-39 The Garden Collection:** Nicola Stocken Tomkins (m). **44-45 Garden World Images:** Jenny Lilly (m). **46 Garden World Images:** Adrian James (gor). **46-47 The Garden Collection:** Nicola Stocken Tomkins. **48-49 The Garden Collection:** Derek Harris. **50 GAP Photos:** Gerald Majumdar (mro). **52 The Garden Collection:** Torie Chugg / Design: Clive Scott - RHS Hampton Court 07 (ul). **52-53 Garden World Images:** MAP / Nicole et Patrick Mioulane. **56-57 GAP Photos:** Richard Bloom. **58 Garden World Images:** Martin Hughes-Jones (ul). **58-59 GAP Photos:** Matt Anker. **60 Garden World Images:** MAP / Nicole et Patrick Mioulane (ul). **61 Garden World Images:** Ellen McKnight (ul). **64-65 The Garden Collection:** Nicola Stocken Tomkins. **70-71 The Garden Collection:** Nicola Stocken Tomkins. **74 John Woods Nurseries:** Hydrangea Endless Summer® The Bride (ur). **78-79 GAP Photos:** Jerry Harpur. **79 Getty Images:** Friedrich Strauss / Garden Picture Library / Photolibrary (mo). **86 The Garden Collection:** Andrew Lawson / Mill Dene, Glos. (mu). **86-87 Marianne Majerus Garden Images:** Ali Ward. **87 Getty Images:** Juliette Wade / Garden Picture Library / Photolibrary (amru). **Marianne Majerus Garden Images:** Ali Ward (amlu). **90-91 IPC+ Syndication:** Mark Scott / Ideal Home. **95 Dorling Kindersley:** Angus Beare (mu). **The Garden Collection:** Liz Eddison / Designer: Marney Hall - Hampton Court 2001 (mro). **Marianne Majerus Garden Images:** Charlotte Rowe (mlo). **99 Garden**

World Images: Gary Smith (gor). **100 The Garden Collection:** Liz Eddison / Design: Vivienne Walburn - Tatton Park 2007 (um). **100-101 Dorling Kindersley:** Hampton Court Flower Show 2005, Designed by Guildford College, 'Journey of the Senses'. **101 Marianne Majerus Garden Images:** Gardens of Gothenburg, Sweden 2008 (gor). **102 Getty Images:** Georgianna Lane / Garden Photo World / Photolibrary (mlu). **102-103 The Garden Collection:** Jonathan Buckley / Designer: Christopher Lloyd. **110 Dorling Kindersley:** Alan Buckingham (m). **111 Dorling Kindersley:** Alan Buckingham (mru). **114 Dorling Kindersley:** Alan Buckingham (m). **114-115 Garden World Images:** John Swithinbank. **118 The Garden Collection:** Andrew Lawson / Designer: Rupert Golby. RHS Chelsea Show. Country Living Garden (mu). **122 GAP Photos:** Martin Hughes-Jones (mu). **122-123 Marianne Majerus Garden Images:** The Old Vicarage, East Ruston, Norfolk. **135 Getty Images:** Photolibrary / Garden Picture Library / Linda Burgess (mru). **140-141 The Garden Collection:** Jonathan Buckley / Design: Bunny Guinness. **142-143 The Garden Collection:** Andrew Lawson / Old Rectory, Sudborough, Northants. **143 Corbis:** Harpur Garden Library (gom). **Dorling Kindersley:** Musee National de la Ceramique, Morocco (m). **144 The Garden Collection:** Jonathan Buckley / Design: Bunny Guinness (mro, amr). **145 The Garden Collection:** Liz Eddison / Designer: Andrew Yates - Tatton Park 2003 (gol); Nicola Stocken Tomkins (mr). **148 Dorling Kindersley:** Alan Buckingham (ul). **The Garden Collection:** Torie Chugg (ur). **152-153 Alamy Images:** Roger Cracknell 01 / classic. **152 Alamy**

Images: Roger Cracknell 01 / classic (ul, um, ur). **153 Alamy Images:** Roger Cracknell 01 / classic (ul, um). **154 The Garden Collection:** Andrew Lawson (mu). **154-155 GAP Photos:** Clive Nichols. **158-159 The Garden Collection:** Jane Sebire / Design: Nigel Dunnett. **160 GAP Photos:** Elke Borkowski. **163 Alamy Images:** Igor Zhorov (mlo). **164 Dorling Kindersley:** Unwins (aml). **166-167 The Garden Collection:** Liz Eddison. **167 Dorling Kindersley:** Sean Hunter Photography (gom, m). **FLPA:** Gary K. Smith (mo). **168 FLPA:** Peter Entwistle (mr). **172 GAP Photos:** Michael King (m). **172-173 The Garden Collection:** Nicola Stocken Tomkins. **178-179 GAP Photos:** Carole Drake / Design Dave and Tina Primmer. **183 The Garden Collection:** Steven Wooster (gom). **184 Garden World Images:** N+R Colborn (ml)

Alle weiteren Abbildungen © Dorling Kindersley

Weitere Informationen unter:
www.dkimages.com